MERIAN *live!*

W0174432

SINGAPUR

Klaudia und **Eberhard Homann** bereisen Asien regelmäßig seit über 20 Jahren. Singapur, der Stadtstaat mit Vorzeigecharakter im Herzen Südostasiens, fasziniert die beiden bis heute.

 Familientipps

 Barrierefreie Unterkünfte

 Faltkarte

 Umweltbewusst Reisen

 FotoTipp

Preise für ein Doppelzimmer mit Frühstück:

€€€€ ab 290 S$ €€€ ab 220 S$
€€ ab 120 S$ € bis 120 S$

Preise für ein dreigängiges Menü ohne Getränke:

€€€€ ab 50 S$ €€€ ab 30 S$
€€ ab 15 S$ € bis 15 S$

INHALT

◄ Der Stadtteil Little India (► S. 94) ist
ein farbenfrohes Fest für alle Sinne.

Willkommen in Singapur

In der exotischen Mischung aus fernöstlicher und westlicher Kultur findet sich auch der Asieneinsteiger rasch zurecht.

»Wenige Orte sind für einen Reisenden aus Europa interessanter als die Stadt und Insel Singapur, da sie ein Musterbeispiel ist für die Mannigfaltigkeit der östlichen Rassen, für viele verschiedene Religionen und Sitten«, schrieb 1869 der Naturforscher Alfred Russel Wallace.

»Löwenstadt« von einst

Traditionelles konnte weitgehend bewahrt bleiben. Geblieben ist die Vielfalt der unterschiedlichen Kulturen auf engstem Raum. Verschwunden hingegen ist (zumindest aus dem Stadtkern) die Natur. Statt Urwaldriesen recken sich heute hypermoderne Hochhäuser in den Himmel.

Wo man sich früher nur mit der Machete seinen Weg durch den Dschungel bahnen konnte, durchziehen breite Highways die City. Moderne Schnellbahnen (MRT) verkehren rund um die Uhr zwischen den verschiedenen Stadtteilen und den Außenbezirken, um die Bewohner und die jährlich über zehn Millionen Touristen zu transportieren. Besucher erwartet viel Sehenswertes, von den überall vorhandenen historischen Elementen über die üppig wuchernde Vegetation in den Landschaftsparks und Dschungelreservaten bis hin zu den modernen Shopping-Komplexen und Flaniermeilen. »Eines ihrer Glanzstücke ist die Or-

◄ Singapur bei Nacht: Ultramoderne Wolkenkratzer dominieren die Skyline.

chard Road, die im Begriff ist, zur schönsten Shoppingmeile der Welt zu avancieren«, doch stetig kommen neue Shoppingattraktionen hinzu, so wie die Mall des Marina Bay Sands Hotels.

All diese Vorzüge, gepaart mit Sauberkeit und Perfektionismus, sind seit Jahren das Markenzeichen des Stadtstaates, der mit über fünf Millionen Menschen (Chinesen, Malaien, Inder und Europäer) nicht nur bemüht ist, eine moderne Großstadt, sondern der Welt möglichst einen Schritt voraus zu sein. Neben so ehrgeizigen Projekten wie dem, die gesamte Stadt zu einer »wireless«-Zone werden zu lassen, in der man zu jeder Zeit und an jedem Ort mit elektronischen Medien online gehen kann, gehört dazu aber auch der respektvolle Umgang der ethnischen Gruppen miteinander.

Kultureller Schmelztiegel

Die Bewohner haben ihre kulturellen Eigenheiten, ihre eigene Sprache (es gibt in Singapur vier Amtssprachen), ihre speziellen kulinarischen Gewohnheiten und nicht zuletzt ihre eigenen, durch die jeweilige Kultur geprägten Stadtviertel (Little India, Chinatown, Arab Street). Besucher können wählen, ob sie in einfachen, sauberen Unterkünften für wenige Singapur-Dollar nächtigen oder den Luxus der weltbesten Hotels genießen möchten. Man findet international renommierte Gourmetküchen, erhält aber auch einfache asiatische Gerichte in »food courts« – und speist immer hygienisch einwandfrei. Wer mag, kann stundenlang dem Luxus-Shopping frönen und danach, nur wenige Straßen entfernt, auf asiatischen Märkten bunte Stoffe oder exotische Gewürze erstehen.

Überwachung und Visionen

Den Schritt, vom »Mini«-Staat in Südostasien hin zum Vorzeigeland einer boomenden Region, hat man aber auch teuer erkauft. Nicht nur der Fleiß der Bevölkerung hat zu der eindrucksvollen Entwicklung beigetragen, sondern auch eine Politik (u. a. ein sogenannter »Green Plan«, der auf Nachhaltigkeit setzt), die vieles reglementiert und Fehlverhalten bestraft (hat). Die Fülle von Ver- und Geboten, über die man überall informiert wird und die andernorts für Kopfschütteln sorgt, führte in Singapur zu T-Shirts mit Aufdrucken von Verbotsschildern und dem Slogan »Singapore is a fine city«, wobei man mit dem englischen Wort »fine« spielt, das einerseits »schön«, andererseits »Strafe«bedeutet. Doch was einerseits ein »Big-Brother«-Gefühl entstehen lässt, zeigt andererseits deutliche Erfolge: Statt des Smogs, wie er in anderen asiatischen Großstädten üblich ist, gibt es in Singapur kaum Luftverschmutzung, der Verkehr verläuft geordnet, die Straßen sind sauber, und Kriminalität ist nicht sehr verbreitet.

Ehrgeizige Tourismusprojekte mit künstlich angelegten Stränden, Fun-Attraktionen, exklusiven Shoppingmöglichkeiten und internationalen Events, unter denen das Formel-1-Nachtrennen nur eines ist, sollen die Besucherzahl weiter steigern. Und es lohnt wirklich, sich der Faszination der »Löwenstadt« hinzugeben – immer wieder, denn hier gibt es ständig Neues zu bestaunen.

MERIAN TopTen

MERIAN zeigt Ihnen die Höhepunkte der Stadt: Das sollten Sie sich bei Ihrem Besuch in Singapur nicht entgehen lassen.

Allein die Vielfalt seiner Kulturen ist eine echte Sehenswürdigkeit, ebenso Singapurs Naturerbe, seine Parks und Naturreservate. So hat der Besucher die Möglichkeit, beim Wandeln auf den Pfaden der Geschichte zunächst in eine fernöstliche Kultur einzutauchen, kurz darauf (oft nur wenige Schritte entfernt) eine ganz andere Kultur Asiens zu erleben und am Abend eine Lasershow bei internationalen Drinks zu genießen.

MERIAN TopTen 360°

Damit Sie sich vor Ort schneller orientieren können, finden Sie zu ausgewählten MERIAN TopTen auf den folgenden Seiten Umgebungskarten mit Restaurant-, Einkaufsempfehlungen und Tipps für weitere Sehenswürdigkeiten.

1 Raffles Hotel
Die »Grand Old Lady« zählt zu den besten Hotels der Welt (▶ S. 23, 73).

2 Boat Quay und Clarke Quay
Am Singapore River pulsiert abends das Leben (▶ S. 34, 53).

3 Serangoon Road, Little India
Räucherstäbchen, Gewürze und Hindugötter (▶ S. 44).

4 Bukit Timah Nature Reserve
Tropischer Regenwald und schweißtreibende Wanderungen erwarten Sie in diesem Naturpark (▶ S. 62).

5 Esplanade – Theatres on the Bay
Wie riesige Insektenaugen muten die beiden Kuppeln der Konzerthalle an (▶ S. 65).

6 Gardens by the Bay
Futuristischer neuer botanischer Garten(▶ S. 66).

7 Merlion
Das Wasser speiende Fabelwesen ist das Maskottchen der Stadt (▶ S. 69).

8 Night Safari
Im Nachtzoo erlebt man nachtaktive Tiere in ihrem »natürlichen« Umfeld (▶ S. 70).

9 Orchard Road
Die glitzernde und niemals ruhende, über 2 km lange Shopping-Meile übt eine magische Anziehungskraft aus (▶ S. 71).

10 Sentosa
Museen, Attraktionen und jede Menge Freizeitspaß locken auf die Insel im Süden (▶ S. 73).

360° Boat Quay und Clarke Quay

MERIAN TopTen

2 Boat Quay und Clarke Quay
Inmitten des historischen Singapurs locken die renovierten Viertel am Fluss tagsüber geschichtsinteressierte Besucher an. Abends ist in unzähligen Bars und Restaurants für jeden etwas geboten (▸ S. 34, 53).

SEHENSWERTES

1 Asian Civilisations Museum
Die Geschichte der asiatischen Kulturen und Religionen, die Singapur im Lauf der Jahrhunderte geprägt haben, lebendig präsentiert im großartigen Empress Place Building (▸ S. 83).
1 Empress Pl.

2 Sir-Stamford-Raffles-Statue
Hier am Fluss soll Sir Stamford Raffles am 29. Januar 1819 erstmalig seinen Fuß auf den Boden der Insel gesetzt haben. Eine große steinerne Statue markiert diesen Punkt (▸ S. 75).
Raffles Landing Site

ESSEN UND TRINKEN

3 Brewerkz
Internationale Gerichte, Cocktails und Biere aus der eigenen Mikrobrauerei (▸ S. 52).
05/06 Riverside Point, Clarke Quay

AM ABEND

4 Bar Opiume
Sehr elegante Cocktailbar am Fluss. Mit Blick auf die Raffles-Statue erlebt man einen Mix aus Moderne und Kolonialflair (▸ S. 49).
1 Empress Pl.

5 Harry's@Boat Quay
Traditional Jazz und Oldies, z.T. von Live-Bands. Dazu tolle Drinks, rustikales Essen und ausgelassene Stimmung (▸ S. 53).
28 Boat Quay

6 The Penny Black
Britische Biere, Fish & Chips und viel Atmosphäre lockt allabendlich die Kunden. Sehr beliebt für internationale Sportübertragungen (▸ S. 51).
26/27 Boat Quay

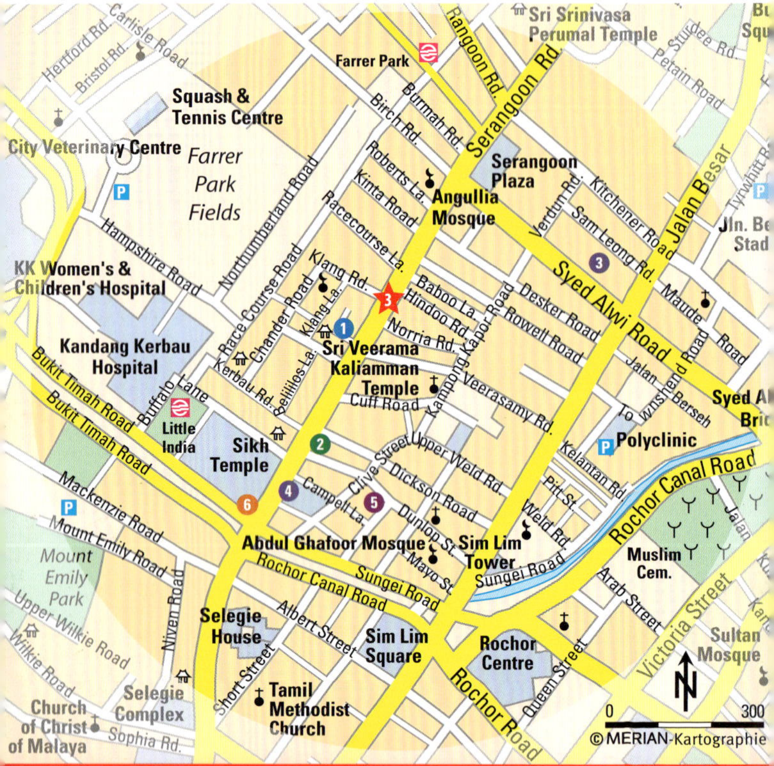

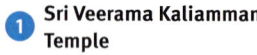

360° Serangoon Road, Little India

MERIAN TopTen

Serangoon Road, Little India
Es riecht intensiv nach Gewürzen, und an fast jeder Ecke
werden kunstvoll geflochtene Blü-
tenkränze für die Tempelgaben
verkauft (▸ S. 44).

SEHENSWERTES

**1 Sri Veerama Kaliamman
Temple**
Einer der farbenprächtigsten Hindutempel Singapurs (▸ S. 78).
141 Serangoon Rd.

ESSEN UND TRINKEN

2 Komala Vilas
Seit 1947 werden hier südindische Gerichte auf dem Bananenblatt serviert (▸ S. 31).
76–78 Serangoon Rd.

EINKAUFEN

3 Mustafa Centre
Günstig einkaufen rund um
die Uhr im riesigen Shoppingcenter. Hier bleibt kaum ein Wunsch
unerfüllt (▸ MERIAN Tipp, S. 15).
145 Syed Alwi Rd.

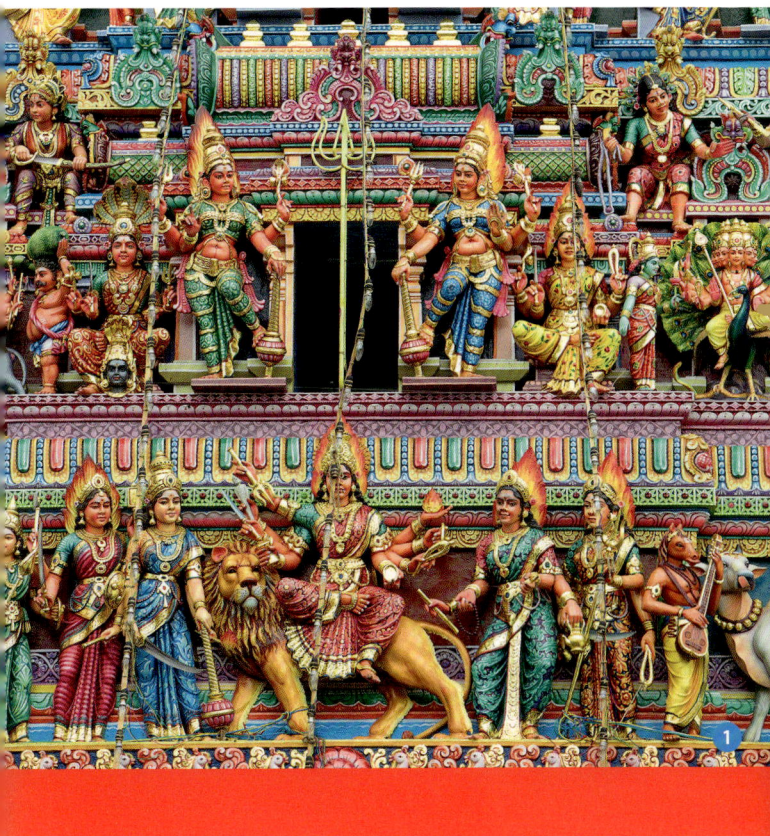

Punjab Bazaar

Auf dem überdachten Markt bieten zahllose Händler ihre bunten Waren, v. a. Souvenirs, feil: Sarongs, Saris, Seide, Räucherstäbchen und Schnitzereien aus ganz Asien (▶ S. 41).

Serangoon Rd. / Clive St.

AM ABEND

Prince of Wales

Hier trifft sich überwiegend junges Publikum zum abendlichen Bier aus der eigenen Mikrobrauerei, manchmal spielen auch Live-Bands (▶ S. 52).

51 Boat Quay

AKTIVITÄTEN

Tekka Centre

Auf dem Markt, der zugleich »food court« ist, kann man in das Leben der indischen Gemeinde eintauchen. Neben Lebensmitteln, Blumen und Gewürzen gibt es hier auch viele exotische Speisen (▶ MERIAN Tipp, S. 15).

Buffalo Rd.

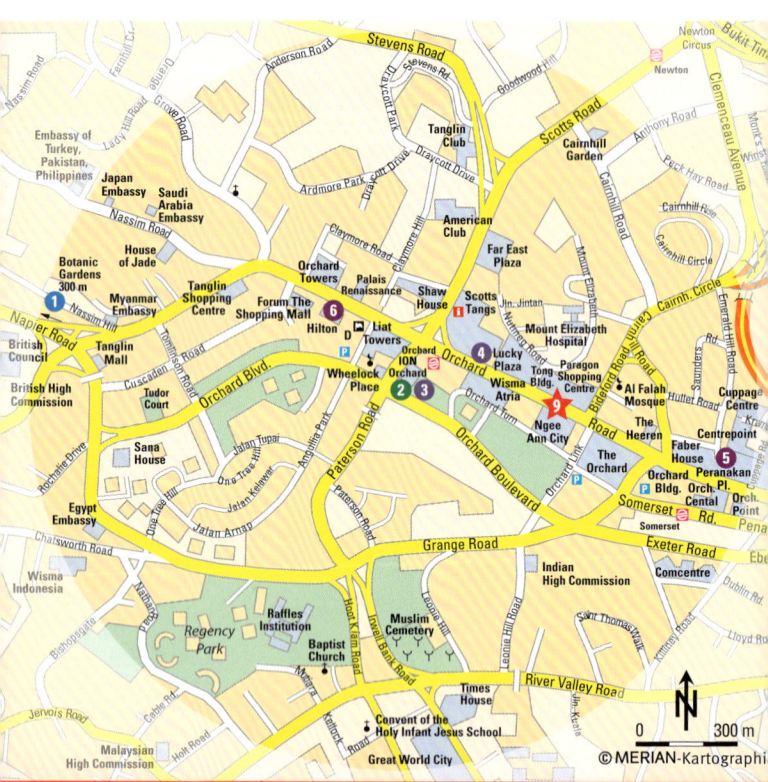

© MERIAN-Kartographi

360° Orchard Road

MERIAN TopTen

9 Orchard Road
Shoppingmalls, eine moderner und glamouröser als die andere, dazu Luxushotels, Riesenbildschirme und ein nie versiegender Strom von Menschen im Konsumrausch auf der bekanntesten Straße des Stadtstaates (▸ S. 71).

SEHENSWERTES

1 Botanic Gardens
Ruhe und Erholung von Sightseeing und Konsumrausch verspricht ein Besuch in der weitläufigen Parklandschaft (▸ S. 62). Cluny Rd.

ESSEN UND TRINKEN

2 Salt Grill & Sky Bar
Internationale und asiatsiche Grillgerichte und einen tollen Blick über die Stadt genießen (▸ S. 34). ION Orchard, 2 Orchard Turn

EINKAUFEN

3 ION Orchard
Viel Glas und Technik lässt

diesen Einkaufspalast futuristisch erscheinen. Hier findet man die international angesagten Mode-labels (▸ S. 39).
300 Orchard Rd.

4 Lucky Plaza
Die Mall versprüht noch den alten Charme Singapurs. Hier kann man sich auf die Schnelle einen Anzug maßschneidern las-sen, und das Feilschen gehört auch dazu (▸ S. 40).
304 Orchard Rd.

AM ABEND

5 Alley Bar
Bei einem kühlen Bier wenige Schritte abseits der belebten Stra-ße erinnern die alten Mauern und die tropische Vegetation ein biss-chen an die Kolonialzeit (▸ S. 52).
180 Orchard Rd.

6 Glow Juice Bar and Café
Was in dieser Bar auf den Tisch kommt, stammt zu 100 % aus biologischem Anbau (▸ S. 50).
Hilton Hotel, 581 Orchard Rd.

MERIAN Tipps

Mit MERIAN mehr erleben. Nehmen Sie teil am Leben der Stadt und entdecken Sie Singapur, wie es nur Einheimische kennen.

1 SkyPark · F5

Hoch oben auf den Türmen des Marina Bay Sands Hotel thront der sogenannte SkyPark, der seinem Namen alle Ehren macht, denn erstens ist er dem Himmel sehr nahe, und zweitens stehen hier etliche Bäume und andere Gewächse in Pflanzkübeln, die für eine natürliche Beschattung sorgen. Hotelgäste können im riesigen, unglaubliche 150 m breiten Infinity Pool bis zum Rand des Gebäudes schwimmen, Besucher erfreuen sich an Drinks oder leckeren Gerichten oder einfach nur am herrlichen Blick über Singapurs Skyline hinüber zu den ersten Inseln Indonesiens.

Marina Bay • Bayfront Ave. • MRT: Marina Bay • www.marinabaysands. com/Sands-SkyPark

2 Imperial Herbal Restaurant ▸ S. 75, b 1

Gesundheitsbewusste Singapore-aner speisen schon seit Längerem in diesem Restaurant, in dem mit chinesischen Kräutern und exotischen Zutaten Yin und Yang ins Gleichgewicht gebracht werden. Die Speisekarte wird von einem chinesischen Heilkundigen erstellt, der den Gast auch gerne individuell berät.

Riverview Hotel, Level 2 • 382 Havelock Rd. • Tel. 63 37 04 91 • MRT: Chinatown oder Clarke Quay und Taxi • tgl. 11.30–14.30 und 18.15–22.30 Uhr • www.imperialherbal.com • €€€

3 »Roti prata« E 2 und F 4

»Roti prata«, die ursprünglich aus Indien stammen, sind eine Art dünne Pfannkuchen aus Brotteig, die man fast als Singapurs Nationalspeise bezeichnen könnte. Alleine ihre Herstellung kommt für westliche Beobachter einer Sensation gleich, wenn der Koch die hauchdünnen Teigfladen durch die Luft wirbelt. Serviert werden sie mit einem dünnflüssigen, scharfen »curry« oder einer sämigen Sauce aus Linsen. Besonders lecker zubereitet werden sie in den indischen Restaurants Komala Vilas (▸ S. 31) und Zam Zam (▸ S. 32). Wer es authentisch mag, isst sie vom Bananenblatt.

4 Tekka Centre (Zhujiao Centre) E 2

In Little India wird gehandelt und gelebt, fast so, als wäre man wirklich in Indien. Sehr stimmungsvoll ist das indische Ambiente im Tekka Centre, das zugleich »Wet Market« und »Hawker Centre« ist. In der unteren Etage werden Lebensmittel und Blumen angeboten, oben gibt es neben zahlreichen Garküchen mit allen exotischen Speisen, die man sich so vorstellen mag, viele kleine Geschäfte mit typisch indischen Accessoires.

Little India • Buffalo Rd. • MRT: Little India • ganztägig geöffnet

5 Mustafa Centre E 2

Kosmetik, Uhren, Kameras, Parfum, Lederwaren, Haushaltsgeräte, Sportartikel, Herren, Damen- und Kinderkleidung, indische Saris, Gold und alles zu sehr günstigen Preisen, die vielfach noch verhandelbar sind – so präsentiert sich das einzigartige Mustafa Centre in Little India. Vergeblich sucht man hier die angesagten Label internationaler Designer, und großen Wert auf die Präsentation legt man ebenso wenig. Hierher kommt Kundschaft, die alltägliche Waren zu günstigen Preisen erwerben möchte. Dazu gibt es einen Supermarkt und Geldwechselstuben, falls einmal das Kleingeld ausgegangen ist.

Little India • 145 Syed Alwi Rd. • MRT:
Little India, Farrer Park

⑥ New Asia Bar   E 4

Von der 71. Etage des Swiss-ôtel The Stamford hat man den schönsten, wenngleich auch nicht ganz preiswerten Blick über Singapur. Zumindest einen Drink sollte man sich aber leisten. Schon die Fahrt mit dem Expresslift ist ein Erlebnis, die coole Atmosphäre der Bar sowieso.
Raffles • Swissôtel The Stamford, 2 Stamford Rd. • MRT: City Hall • Tel. 68 37 33 22 • www.swissotel.com • So–Di 15–1, Mi, Do 15–2, Fr, Sa 15–3 Uhr

⑦ Writer's Bar und Long Bar   E 3

Gönnen Sie sich einen Nachmittag oder Abend in einer der berühmten Bars des Raffles Hotel. In Ersterer suchten Schriftsteller wie Somerset Maugham und Rudyard Kipling Inspiration für ihre Geschichten, in Letzterer wurde der Singapore Sling erfunden. Kurze Hosen, T-Shirts und Sandalen sind in diesen äußerst exklusiven Etablissements unerwünscht!
Raffles • Raffles Hotel, 1 Beach Rd. • MRT: City Hall • Tel. 64 12 18 16 • www.raffles.com • Writer's Bar tgl. 11–22 Uhr; Long Bar So–Do 11–0.30, Fr, Sa bis 1.30 Uhr

⑧ Dschunken- und Sampantour   D 4

»Singapur vom Wasser aus« heißt das Motto der Dschunken- und Sampantouren, die von Anlegestellen am Boat und Clarke Quay aus stattfinden. Je nach Dauer der Fahrt besuchen Sie nur Sehenswürdigkeiten entlang des Flussufers, zu denen die Raffles-Statue und der Merlion gehören, oder Sie fahren aufs Meer hinaus in Rich-

tung Hafen. Im drittgrößten Hafen der Welt liegen ständig Hunderte Frachter vor Anker, um be- oder entladen zu werden. Abends können Sie an einer »dinner cruise« teilnehmen. Jeden Abend kann man von den »sampan« oder »bumboats« aus besonders gut den Blick auf die Lasershow des Marina Bay Sands Hotels genießen. Da die Boote nahe an das Hotel heranfahren, ist auch die am Event Plaza gebotene musikalische Untermalung zur Lichtshow gut zu hören.

Anlegestellen: Boat Quay, Clarke Quay und Marina Bay Sands • MRT: Clarke Quay oder Raffles Place

Pulau Ubin

▶ Klappe vorne, e/f 1–2

Schon die Anreise zur Insel Ubin ist etwas Besonderes. Ist in Singapur doch eigentlich alles perfekt organisiert, fühlt man sich dabei ein wenig wie im Asien der Kolonialzeit. Der Ticketkauf verläuft noch vergleichsweise geregelt, doch kaum hat man das Boot betreten, ist alles anders: Keines der sonst allgegenwärtigen Schilder mit Sicherheitsregeln, man kann sitzen, wo man mag, und wenn man sich aus dem Boot lehnt, kommt auch nicht gleich ein Ordnungshüter gerannt. Ein klein wenig Rebellion gegen die ständige Reglementierung liegt in der Luft.

Auf Pulau Ubin bestimmen noch die »kelongs«, die typischen malaiischen Fischerhütten, die teilweise auf Pfählen im Wasser stehen, das Bild. Fischfang und Fischzucht sind nach wie vor die Haupteinnahmequellen der lokalen Bevölkerung, hinzu kommen eine Garnelen- und eine Entenfarm. Mieten Sie ein Rad, oder erkunden Sie die Insel zu Fuß. Oder schauen Sie einfach den Dorfbewohnern bei der Arbeit zu. Für das leibliche Wohl sorgt ein ausgezeichnetes Seafood-Restaurant.

Pulau Ubin • MRT: Tanah Merah, dann weiter mit SBS Bus 2 zum Changi Bus Interchange, gefolgt von etwa 3 Min. Fußweg zum Fähranleger (»jetty«)

Thaipusam   E 2

Beim wichtigsten und größten hinduistischen Fest außerhalb Indiens, das jährlich Ende Januar/Anfang Februar zelebriert wird, ist voller Körpereinsatz gefordert. Riesige blumengeschmückte »Kavadi«-Gestelle und mit Spießen und Haken durchbohrte Wangen und Lippen gehören ebenso zu diesem 2000 Jahre alten Ritual wie Pfauenfedern, Gebete und Opfergaben. Anlass ist der Geburtstag des Gottes Murugan, des jüngsten Sohns Shivas.

Little India • Sri Srinivasa Perumal Temple, Serangoon Rd. • MRT: Farrer Park • Ende Januar/Anfang Februar

Seit 2010 führt die futuristische Helix Bridge (▶ S. 68) hinüber zum nicht weniger spektakulären Resort, Hotel und Kasino Marina Bay Sands mit dem SkyPark (▶ MERIAN Tipp, S. 14).

Zu Gast in **Singapur**

Internationaler Luxus, einfache, aber gute Unterkünfte, authentische
Garküchen, Toprestaurants, Shoppingmalls und kleine Geschäfte
machen Singapur zu einem attraktiven Reiseziel.

Übernachten

Asiatischer Charme und internationaler Luxus vereinen sich in der Hotelszene Singapurs. Immer mehr neue Häuser mit exklusiven Wellnessangeboten drängen auf den Markt.

◄ Gediegener Luxus bestimmt das Fullerton Hotel (► S. 22), eines von Singapurs Traditionshäusern.

Singapur boomt. Die ungeheure Zunahme an wirtschaftlicher Macht zeigt sich am deutlichsten in der sich ständig erweiternden und erneuernden Hotelszene des Stadtstaates. War es noch vor ein paar Jahren möglich, im Bereich der Bencoolen Street ein Zimmer in einem der kleinen Chinesenhotels zu finden, so entwickelt sich die Hotellandschaft heute in eine andere Richtung. Hotelpaläste mit zukunftsorientierter Technik lassen keine Wünsche offen und sind entsprechend hochpreisig.

Die alten Gebäude, in denen sich früher die kleinen und preiswerten Hotels befanden, werden nach und nach abgerissen oder luxussaniert – schön fürs Auge, schlecht für Urlauber mit kleiner Reisekasse.

Budget-Unterkünfte

Immer noch gibt es Billigunterkünfte, einige sogar mit recht guter Ausstattung (mit Klimaanlage und eigenem Bad). Vielleicht erfahren Sie eher auf Bali oder auf der malaysischen Insel Tioman, wo in Singapur gute Zimmer zu passablen Preisen vermietet werden. Manchmal warten auch »Schlepper« (im positiven Sinn) am Bahnhof oder Flughafen, um Neuankömmlinge, die dem Augenschein nach nicht viel Geld ausgeben wollen, mit Adressen zu versorgen. Schauen Sie sich diese Zimmer ruhig mal an, absagen können Sie immer noch! Viele günstige Unterkünfte haben sich in den letzten Jahren in Little India und im Bereich der Arab Street angesiedelt. Grundsätzlich gilt die Devise, je früher man bucht, desto besser sind die Preise (echte Schnäppchen gibt es sogar in Luxushotels) und umso sicherer bekommt man ein Zimmer. Während der Hochsaison (europäische Sommermonate) oder zu besonderen Festen (Nationalfeiertag, Thaipusam etc.) kann es zu Engpässen kommen. In der Woche vor dem Formel-1-Grand-Prix muss man zudem damit rechnen, dass sich die Preise verdoppeln. Ohne rechtzeitige Reservierung geht dann gar nichts.

Im Preis ist üblicherweise die Benutzung des Swimmingpools (wenn vorhanden) enthalten, oft gehören auch ein persönlicher Safe sowie eine Kaffeemaschine und täglich nachgefüllter Kaffee für zwei Personen zum Angebot. Wer sparen möchte, kann auf das ebenfalls meist im Preis enthaltene Frühstücksbüfett verzichten (ab etwa 20 S$ pro Person). Entwederr man besorgt sich etwas im Supermarkt, oder man greift auf die Frühstücksangebote der allgegenwärtigen Cafés oder Fastfood-Restaurants zurück.

Eine gute Möglichkeit, auch in den besseren Hotels preiswert unterzukommen, bietet sich für all jene, die mit einer der großen Airlines unterwegs sind, die Stopover-Angebote im Programm haben. Fliegt man z. B. mit Singapore Airlines, kann man auch in Luxushotels günstige Zimmer bekommen. Im Preis enthalten sind dann neben Transfers auch geführte Touren und Vergünstigungen bei Sehenswürdigkeiten.

Preise für ein Doppelzimmer mit Frühstück:

€€€€ ab 290 S$ €€€ ab 220 S$
€€ ab 120 S$ € bis 120 S$

HOTELS €€€€

Conrad Centennial F 4

Gediegene Eleganz • Klassisches Hotel für Geschäftsleute inmitten des emsigen Marina-Bereichs. Die Zimmer sind exquisit eingerichtet, der Service perfekt. Mehrere Restaurants mit asiatischer und internationaler Küche.
Marina Square • 2 Temasek Blvd. • MRT: Promenade • Tel. 63 34 88 88 • www.conradhotels.com • 534 Zimmer • ♿ • €€€€

Fullerton Hotel E 4

Koloniales Flair • Der herausragende Stern an Singapurs Hotelhimmel glänzt durch seine neoklassische koloniale Fassade des ehemaligen General Post Office und die dazu im krassen Gegensatz stehende modern-minimalistische Ausstattung. Pool mit toller Aussicht.
Marina Bay • 1 Fullerton Square • MRT: Raffles Place • Tel. 67 33 83 88 • www.fullertonhotel.com • 400 Zimmer • €€€€

⭐ **MERIAN Tipp**

SKYPARK F 5

Der SkyPark auf dem Marina Bay Sands Hotel ist der perfekte Ort, um, dem Himmel ganz nah, einen Drink zu genießen. Der grandiose Pool ist allerdings Hotelgästen vorbehalten. ▶ S. 14

Goodwood Park Hotel B 2

Unvergleichlich • Von außen historisch, innen luxuriös-modern. Eine interessante Mischung im schon 1899 als Teutonia Club gegründeten Haus, das zu den Überbleibseln der Kolonialgeschichte Südostasiens gehört. Zwei Pools, hervorragende Restaurants, Livemusik zur »tea time« und natürlich große, luxuriös eingerichtete Zimmer.
Orchard Road • 22 Scotts Rd. • MRT: Newton • Tel. 67 37 74 11 • www.goodwoodparkhotel.com • 235 Zimmer • €€€€

Hard Rock Hotel ▶ S. 75, b 1

Hip-Location auf Sentosa • Das Hotel gehört zur bekannten Hotel- und Restaurantkette, die ihre Häuser mit Souvenirs von internationalen Musikstars ausstattet. Die Zimmer sind modern und komfortabel und haben alle ein ausklappbares Sofabett, sodass hier auch Familien gut wohnen können. Allerdings herrscht oft Partystimmung, auch am tollen Pool.
Sentosa • 8 Sentosa Gateway • MRT: Harbour Front • Tel. 65 77 88 99 • www.hardrockhotelsingapore.com, www.rwsentosa.com • 390 Zimmer • €€€€

Marina Bay Sands F 5

Resort der Superlative • Drei Hoteltürme tragen einen über 300 m langen Dachgarten mit spektakulärem Infinity Pool im 57. Stockwerk – den sogenannten SkyPark. Hunderte von Geschäften, 13 Restaurants und ein Kasino lassen garantiert keine Langeweile aufkommen. Wer mag, kann sich mit venezianischen Gondeln durch die Kanäle zwischen den Türmen schippern lassen – logisch, schließlich ist alles in Händen einer Hotelkette aus Las Vegas. Jede Suite ist mit Originalbildern international bekannter Maler ausgestattet.
Marina Bay • Bayfront Ave. • MRT: Marina Bay • Tel. 66 88 88 68 • www.marinabaysands.com • 2500 Zimmer • €€€€

⭐ Raffles Hotel 📙 E 3

Kolonialer Luxus • Das bekannteste Hotel Singapurs ist gleichzeitig eines der Wahrzeichen der Stadt. Schriftsteller wie Somerset Maugham und Rudyard Kipling gaben sich hier schon ein Stelldichein. Ein Tiger wurde unter dem Billardtisch erlegt, und die Writer's Bar ist Geburtsort des Singapore Sling. Nach der Renovierung erstrahlt das 1887 errichtete Gebäude in neuem Glanz – leider auch mit neuen Preisen.

Raffles • 1 Beach Rd. • MRT: City Hall • Tel. 63 37 18 86 • www.raffles.com • 103 Suiten • €€€€

🍃 The Regent 📙 A 3

Vorbildcharakter • Auch die Hotellerie Singapurs ist dabei, wenn es um den ökologischen Umbau geht. Vorbildlich verhält sich das Regent, das dem Gast einerseits ein luxuriöses Ambiente bietet, andererseits jedoch Energie und Wasser spart, vieles recycelt, an Umweltschutzprogrammen teilnimmt und sein Personal entsprechend schult. Zudem führt das Hotel Spenden an Non-Profit-Organisationen ab. Besonders eindrucksvoll ist die Sammlung asiatischer Kunstobjekte, mit denen sich Lobby und Zimmer schmücken. Liegt etwas abseits des Trubels der Orchard Road, die aber zu Fuß gut zu erreichen ist.

Orchard Road • 1 Cuscaden Rd. • MRT: Orchard • Tel. 67 33 88 88 • www.regenthotels.com/singapore • 439 Zimmer • €€€€

HOTELS €€€

1929 📙 D 5

Angesagt und cool • Nicht groß und exklusiv, dafür hip und trendig. Die Zimmer des Boutique-Hotels, das in

Unten Laden oder Werkstatt, oben Wohnung – so waren die typischen Shophouses aufgebaut. Mittlerweile wuden viele, hier das 1929 (▶ S. 23), zu Hotels umgebaut.

fünf historischen »Shophouses« untergebracht ist, sind klein und funktional, und statt einem Pool gibt es auf der Terrasse nur einen Whirlpool, dafür ist alles recht stylish. Und dann noch der Stuhltick des Besitzers, der weltweit sammelt.
Chinatown • 50 Keong Saik Rd. • MRT: Outram Park • Tel. 63 47 19 29 • www.hotel1929.com • 32 Zimmer • €€€

Amara D 6
Luxus in Chinatown • Etwas außerhalb der City, dafür aber im Herzen des restaurierten Tanjong-Pagar-Viertels gelegen.
Chinatown • 165 Tanjong Pagar Rd. • MRT: Tanjong Pagar • Tel. 68 79 25 55 • www.amarahotels.com • 381 Zimmer • ♿ • €€€

Swissôtel The Stamford E 4
Gigantischer Turm • Mit 73 Stockwerken (das höchste Hotel Südostasiens) bietet das Stamford einen unvergleichlichen Ausblick bis über die Stadtgrenzen hinaus.
Raffles • 2 Stamford Rd. • MRT: City Hall • Tel. 63 38 85 85 • www.swissotel.com • 855 Zimmer • ♿ • €€€

The Fairmont E 4
Unaufdringlich • Inmitten des Raffles-City-Komplexes gelegen. Sehr beliebt bei Geschäftsleuten.
Raffles • 80 Bras Basah Rd. • MRT: City Hall • Tel. 63 39 77 77 • www.fairmont.com/singapore • 769 Zimmer • ♿ • €€€

The Scarlet D 5
Alt-Singapur in neuem Glanz • Neues, luxuriöses Boutique-Hotel, das auf der Basis von ehemaligen »Shophouses« entstanden ist. So sind einige Zimmer nach innen gerichtet und fensterlos (dafür aber recht preiswert).
Chinatown • 33 Erskine Rd. • MRT: Tanjong Pagar oder Chinatown • Tel. 65 11 33 03 • www.scarlethotel singapore.com • 84 Zimmer • €€€

Village Hotel Albert Court E 2
Zentral und renoviert • Das Hotel wurde unlängst mit viel Liebe zum Detail im Stil vergangener Zeiten renoviert und bietet neben allem modernen Komfort auch etwas fürs Auge. Manche Zimmer sind allerdings recht klein. Dank der Nähe zu Little India und zur Orchard Road eine ideale Location.
Little India • 180 Albert St. • MRT: Little India • Tel. 63 39 39 39 • www.stayfareast.com • 210 Zimmer • €€€

HOTELS €€

Bayview Hotel E 3
Im Herzen der Stadt • Für alle Besichtigungen und Touren innerhalb der Stadt liegt das Hotel ideal in der Bencoolen Street nahe der MRT. Kleiner Pool auf dem Dach.
Bencoolen • 30 Bencoolen St. • MRT: Bras Basah • Tel. 63 37 28 82 • www.bayviewhotels.com • 131 Zimmer • €€

Hang Out @ Mt. Emily D 3
Jung und stylish • Flottes, sauberes Budget-Hotel, in dem vor allem junge Leute aus aller Welt zentrumsnah übernachten. Zwischen Parks und der Istana liegt das Hotel auf einem Hügel fast über dem Stadtviertel Little India, nur wenige Gehminuten von der quirligen Orchard Road entfernt. Kostenloser Internetzugang, im Bistro kann man frühstücken und den ein oder anderen Snack bekommen.

Bencoolen • 10A Upper Wilkie Rd. •
MRT: Little India, Dhoby Ghaut •
Tel. 64 38 55 88 • www.hangout
hotels.com • 59 Zimmer • €€

Hotel 81 Chinatown   🏨 D 5

Zentral in Chinatown • Von dieser
Hotelkette findet man verschiedene
Häuser in Singapur (einige leider in
Rotlichtbereichen). Das Haus in
Chinatown liegt sehr günstig, hat
zwar kleine, aber saubere Zimmer
und verfügt über alles, was man ge-
meinhin braucht.
Chinatown • 181 New Bridge Rd. •
MRT: Chinatown • Tel. 63 24 81 81 •
www.hotel81.com • 95 Zimmer • €€

Ibis Hotel on Bencoolen   🏨 E 3

Modern und günstig • Gut und modern ausgestattete Zimmer in zen-
traler Lage.
Bencoolen • 170 Bencoolen St. •
MRT: Bugis • Tel. 65 93 28 88 • www.
ibishotel.com • 538 Zimmer • €€

Peninsula.Excelsior   🏨 E 4

Preiswert • Funktional eingerichtete
Zimmer und die günstige Lage in der
Nähe von Chinatown sind die Plus-
punkte dieses Hauses.
Chinatown • 5 Coleman St. • MRT:
City Hall • Tel. 63 37 22 00 • www.
ytchotels.com/peninsulaexcelsior •
578 Zimmer • €€

Perak Hotel   🏨 E 2

Typisch asiatisch • In dem kleinen
Hotel mitten in Little India scheint
die Zeit stehen geblieben zu sein.
Hier findet man den Charme vergangener Jahrzehnte.
Little India • 12 Perak Rd. • MRT:
Little India oder Bugis • Tel. 62 99
77 33 • www.theperakhotel.com •
35 Zimmer • €€

Strand Hotel   🏨 E 3

Einfaches Budgethotel • Das Hotel
gibt es schon lange. Es bietet eine
zentrale Lage und in den Zimmern
ausreichend Komfort, wenn man
sich hier vor allem ausruhen möchte.
Es gibt auch Familienzimmer für bis
zu sieben Personen.
Bencoolen • 25 Bencoolen St. •
MRT: Bras Basah oder Dhoby Ghaut •
Tel. 63 38 13 30 • www.strandhotel.
com.sg • 115 Zimmer • €€

Summer View Hotel   🏨 E 3

Preiswert und zentral • Kleines,
sauberes Hotel im Herzen der Stadt,
verkehrsgünstig zwischen Marina
und Orchard Road gelegen.
Bencoolen • 173 Bencoolen St. •
MRT: Bugis • Tel. 63 38 11 22 •
www.summerviewhotel.com.sg •
100 Zimmer • €€

HOTELS €

Sleepy Sam's   🏨 F 3

Backpacker-Stil • Charmante Bed-&-
Breakfast-Unterkunft nahe der Sultan Mosque, in der es neben Betten
im Schlafsaal (»dormitory«) auch
einige Doppelzimmer gibt. Einfacher
Komfort, aber sehr sauber und preisgünstig. Frühstück auf der Veranda.
Arab Street • 55 Bussorah St. • MRT:
Bugis • Tel. 92 77 49 88 • www.
sleepysams.com • 14 Zimmer • €

South East Asia Hotel   🏨 E 3

Funktionale Zimmer • Kleines Hotel in der Nähe des Bugis-Village-
Bereichs und Chijmes. Die Zimmer
sind sauber, die Ausstattung ist ange-
messen, aber Spektakuläres darf man
nicht erwarten.
Bencoolen • 190 Waterloo St. •
MRT: Bugis • Tel. 63 38 23 94 • www.
seahotel.com.sg • 51 Zimmer • €

Essen und Trinken

Singapurs Food-Szene weist Einflüsse vieler Nationalitäten auf: Ob chinesisch, indisch, japanisch, Thaiküche oder »hawker centres« – der Besucher hat die Qual der Wahl.

◄ Neun verschiedene Restaurantbe-
reiche verwöhnen den Gast im mezza 9
(► S. 29) des Hotels Grand Hyatt.

Glaubt man Werbebroschüren, so ist
Singapur »the greatest feast in the
east« (der größte Festschmaus des
Ostens). Da ist was dran, denn kaum
irgendwo sonst in Südostasien mi-
schen sich so viele Länderküchen
wie in Singapur.

Die Küchen Asiens

Den größten Einfluss hat die chinesische Küche, gefolgt von anderen
der näheren Umgebung wie Malaysia, Indonesien und Thailand. Aber
auch verschiedene regionale Küchen
des indischen Subkontinents setzen
Akzente, japanische Gastronomie
und westlich orientierte Restaurants
vervollständigen die Palette. Wer die
asiatische Küche in all ihren Spielar-
ten liebt, ist hier gut aufgehoben.
Einfache Garküchen wurden mittlerweile durch die »**hawker centres**«
ersetzt. Sie fassen zahlreiche, früher
fahrbare Essensstände unter einem
Dach zusammen. So ist die Hygiene
recht einfach zu überwachen. Je
nach Qualität und Sauberkeit erhalten die einzelnen Küchen die Güte-
siegel »A«, »B« oder »C« (niedrigste
Kategorie).

Flair des Fernen Ostens

Neben solchen »Essmärkten« gibt es
»coffee shops« oder »kopi tiam«,
vornehmlich in den älteren Stadtteilen, die von morgens bis abends geöffnet haben und zum Essen auch
Alkohol servieren. Den »hawker
centres« ähneln die neueren »food
courts«, die man hauptsächlich in
Einkaufszentren entlang der Orchard Road antrifft. Natürlich gibt es
in Singapur auch **Restaurants**. Früher waren sie nur in internationalen
Hotels zu finden, seit Jahren trifft
man sie überall an, vor allem in und
bei Malls sowie am River.

Benehmen ist (k)eine Kunst

Während man in »food courts« in T-
Shirt und Shorts essen gehen kann,
erwarten Restaurants von Damen
und Herren meist »smart casual«; nur
bei besonderen Anlässen gilt der
»Formal-dress«-Code. Nur in Restaurants werden Sie Tischdecken,
Servietten und Besteck im europäischen Stil vorfinden. Üblich ist das
Essen mit Stäbchen (»chopsticks«)
oder Löffel und Gabel, da die Zutaten
vor der Zubereitung im **Wok** in kleine
Stücke geschnitten werden. Falls Sie
Probleme mit den Stäbchen haben,
wird man Ihnen jederzeit Besteck zur
Verfügung stellen.
Alkohol gibt es nur in Lokalen mit
besonderer Lizenz, nie in malaiischen und selten in indischen Lokalen. Bekannte Biersorten sind **An-
chor** und **Tiger**. Zu den Tropen
gehören auch Cocktails wie der **Singapore Sling** auf der Basis von Gin.
Restaurants haben normalerweise
von 11.30 bis 14.30 und von 18.30 bis
22.30 Uhr geöffnet. »Food courts«
richten sich nach den Öffnungszeiten der Einkaufskomplexe (10–
22.30 Uhr), »hawker centres« sind
von frühmorgens bis spätnachts,
teils auch rund um die Uhr geöffnet.
»Coffee shops« öffnen gegen 7 und
schließen gegen 18 Uhr.

Die Durian

Fast einer mittelalterlichen Waffe
gleicht die graugrüne Außenschale
der **Durianfrucht**, die im Inneren
cremig-weiches Fruchtfleisch ver-

📷 FotoTipp

DURIAN
Schlendern Sie doch einmal über dem Markt an der Bugis Street und fotografieren Sie diese großen stacheligen Früchte inmitten anderer exotischer Köstlichkeiten. ▶ S. 53

birgt. In ganz Südostasien wird diese Frucht geliebt oder gehasst. Ein Weg dazwischen scheint unmöglich, denn der Name »Stinkfrucht« ist Programm. Intensiv ranziger Geruch geht vom Fruchtfleisch aus und dringt auch durch die geschlossene Schale und Verpackungen. »Ist die Durian unten, so gehen die Sarongs hoch«, lautet ein indonesisches Sprichwort und spielt damit auf die aphrodisierende Wirkung an, die man ihr nachsagt. Wer es nicht glauben mag, probiere es selbst aus.

Preise für ein dreigängiges Menü:			
€€€€	ab 50 €	€€€	ab 30 €
€€	ab 15 €	€	bis 15 €

ASIATISCH

🌱 KU DÉ TA   🏨 F 5
Nachhaltig • Schickes Restaurant im SkyPark des Hotels Marina Bay Sands, das moderne asiatische Küche bietet, dabei aber Fische (vor allem Thunfisch) nur aus nachhaltiger Zucht serviert.
Stadtteil • 1 Bayfront Ave, Marina Bay Sands North Tower • MRT: Marina Bay • Tel. 66 88 76 88 • www.kudeta.com. sg • tgl. 12–15 und 18–23 Uhr • €€€

Spuds & Aprons   🏨 A 6
Crossover-Menüs • Leckere Gerichte aus dem Fernen Osten und

den Küchen des Westens kann man hier entweder zu Menüs zusammenstellen oder separat genießen. Dazu hat man einen herrlichen Blick über den Mount Faber, Sentosa und das Meer, das vor allem abends durch die zahllosen Schiffe vor der Küste und im Hafen malerisch illuminiert ist.
Mount Faber • 109 Mount Faber Rd. • MRT: Harbour Front und dann mit dem Cable Car • Tel. 62 70 88 55 • www.mountfaber.com.sg • So–Mi 11–23, Do bis 0.30, Fr, Sa bis 2 Uhr • €€€

CHINESISCH

»Chinesisches« Essen, das ist die **Peking-Küche** mit ihren Entengerichten, die aber auch Hammelfleisch verwendet. In der **Shanghai-Küche** werden Fischgerichte mit Sojasauce zubereitet. Die **Kanton-Küche** serviert leichte und delikate Gerichte, wie z. B. »dim sum« oder Frühlingsrollen. Bei der größten Gruppe chinesischer Einwanderer, den **Hokkien,** stehen Nudelgerichte wie »fried hokkien mee« im Vordergrund. Die Provinz **Teochew** zeigt sich in ihrer Küche fettarm. Eine Spezialität ist die schmackhafte Fleischbrühe »steamboat«. **Hainan-Gerichte**, wie »hainanese chicken rice«, werden mit pikanter Sauce aus Soja und Sesam, Chili und Knoblauch gewürzt.
Die Küche der **Hakka**, einem früheren Nomadenvolk, ist einfach und schmackhaft. Grundbestandteile sind Tofu und Fischbällchen. Stark gewürzt zeigt sich die **Szechuan-Küche**, die reichlich Chili, Knoblauch und Kampfer verwendet.

🌱 Jiang-Nan Chun   🏨 B 2
Gemüse aus Eigenbau • Auf den ersten Blick ist das Jiang-Nan Chun

»nur« ein normales Luxusrestaurant in einem der Nobelhotels Singapurs. Aber seit Mitte 2009 wird in dem etwa 1000 qm großen Hotelgarten biologisch-dynamisches Gemüse angebaut. Versorgt mit natürlichem Dünger und Regenwasser ist der Garten ein Symbol für Nachhaltigkeit. Das selbst gezogene Gemüse wird zu schmackhaften Gerichten der kantonesischen Küche verarbeitet. Besonders köstlich und obendrein gesund ist hausgemachter Tofu mit Pilzen.

Orchard Road • Four Seasons Hotel, 190 Orchard Blvd. • MRT: Orchard • Tel. 67 34 11 10 • www.fourseasons. com/singapore • tgl. 11.30–14.30, 18–22.30 Uhr • €€€€

Blue Ginger D 6

Klassische Fusion-Küche • Das Restaurant in Chinatown gibt sich ausgesprochen stylish. Und das obwohl man hier auch die »alten«, im Sinne von »überlieferten«, Gerichte der Peranakan bekommt. Dazu zählt auch die Verwendung der Durian. Man sollte sich unbedingt Platz für ein Gula-Melakka-Dessert lassen!

Harbour Front • 97 Tanjong Pagar Rd. • MRT: Tanjong Pagar • Tel. 62 22 39 28 • www.theblueginger.com • tgl. 12–14.30 und 18.30–22.30 • €€€

Cherry Garden F 4

Feurig gewürzte Köstlichkeiten • Im eleganten Stil des Adels der Ming-Dynastie, beeinflusst vom Feng Shui, werden Gerichte der Kanton-Küche serviert.

Marina Bay • Oriental Mandarin Hotel, Marina Square • MRT: City Hall • Tel. 63 85 35 38 • www.mandarin oriental.com/singapore • tgl. 11–15, 18.30–22.30 Uhr • €€€

mezza 9 B 2

Modernes Konzept • Neun verschiedene Restauranttypen mit chinesischer Küche findet man im Grand Hyatt unter einem Dach.

Orchard Road • Grand Hyatt Hotel, 10 Scotts Rd. • MRT: Orchard • Tel. 67 32 12 34 • www.singapore.grand. hyatt.com • Mo–Sa 12–15, 18–23, So 11.30–15 Uhr • €€€

Da Dong D 5

Beliebt seit 1928 • Traditionsreiche Küche verschiedener Regionen.

Chinatown • 39 Smith St. • MRT: Chinatown • Tel. 62 21 38 22 • www. dadong.biz • Mo–Fr 11–22.45, Sa, So 9–22.45 Uhr • €€

Boon Tong Kee Chicken Rice
 B 4

Beliebt bei Singaporeanern • Der beliebte »chicken rice« aus Hainan wird auch von Einheimischen gegessen, am liebsten mit Chilisauce.

Singapore River • mehrere Filialen, z. B. 425 River Valley Rd. • MRT: Clarke Quay, Taxi • Tel. 67 36 32 13 • €

 MERIAN Tipp

IMPERIAL HERBAL RESTAURANT & CAFÉ ▶ S. 75, b 1

Nicht einfach nur chinesische Gerichte, sondern alles vom Heilkundigen individuell auf die Gesundheit abgestimmt – wohl bekomm's! ▶ S. 15

Tian Tian Haianese Chicken Rice D 5

Klassisch chinesisch • Bei Einheimischen und Touristen gleichermaßen beliebtes Lokal im Maxwell Food Centre, denn hier gibt es legendär

guten Chicken Rice, der mit einer Sauce aus Soja, Sesam, Knoblauch und Chili zubereitet wird.
Chinatown • 01–10 & 11 Maxwell Food Centre • MRT: Chinatown • Tel. 96 91 48 52 • www.tiantianchickenrice.com • tgl. 10.30–20 Uhr • €

»Roti prata« (▶ MERIAN Tipp, S. 15) kamen durch südindische Einwanderer nach Singapur.

INDISCH

Die größte Zahl indischer Einwanderer stammt aus Südindien, aber auch die Küche des Nordens ist in Singapur vertreten. Alle Gerichte werden mit vielen Gewürzen, wie Kardamom, Ingwer, Kurkuma und natürlich Chili, zubereitet. Zusammen mit Fleisch, Fisch oder Gemüse entstehen die schmackhaften, oft scharfen »curries«. Beliebte indische Brote sind »roti« oder »murtabak«, eine Art Pfannkuchen, die mit Fleisch oder Gemüse gefüllt werden.

Banana Leaf Apolo   E 2
Typisch südindisch • Der Name ist Programm: Hier wird noch traditionell mit den Händen vom Bananenblatt gegessen. Sehr gutes »fish head curry«.
Little India • 54 Race Course Rd. • MRT: Little India • Tel. 62 93 86 82 • tgl. 10.30–22.30 Uhr • €€

Kailash Parbat   E 2
Köstlichkeiten aus Pakistan • Sehr modern eingerichtetes Restaurant mit einer Speisekarte, auf der jeder fündig wird. Besonders hervorzuheben sind die Desserts.
Little India • 3 Belilios Rd. • MRT: Little India oder Farrer Park • Tel. 68 36 55 45 • www.kailashprabat.com.sg • tgl. 10.30–14.30, 18.30–22.30 Uhr • €€

Mustard   E 3
Würzige Punjabi-Gerichte • Alle Gerichte sind gut gewürzt, manchmal auch recht scharf. Probieren Sie das »coconut prawn curry« oder das »sauted mutton curry«.
Little India • 32 Race Course Rd. • MRT: Farrer Park • Tel. 62 97 84 22 • www.mustardsingapore.com • Mo-Fr 10.30–15, 18–22.45 Uhr, Sa, So 24 Std. • €€

Raj Restaurant   E 2
Streng vegetarisch • Hier gilt das Prinzip, alles muss super frisch und streng vegetarisch sein, sonst kommt es nicht auf den Tisch. Was man dann bekommt, sind eine Vielzahl von Köstlichkeiten aus allen Regionen Indiens.
Little India • 76 Syed Alwi Rd. • MRT: Farrer Park • Tel. 62 97 17 16 • www.rajrestaurant.com.sg • So-Do 11-23 Uhr, Fr, Sa 11-23.30 Uhr • €€

Tandoori Corner  nördl. D 1
Authentisch nordindisch • Kleines Restaurant (auch mit Sitzplätzen im Freien) an der geschäftigen Balestier Road. Sehr zu empfehlen ist das »chicken tikka«.
Orchard Road • 400 Balestier Rd., Balestier Plaza • MRT: Novena oder Toa Payah und Taxi • Tel. 62 50 02 00 • tgl. 12–15, 18–22 Uhr • €€

The Jungle Tandoor E 2
Dschungelfeeling • Inmitten eines künstlichen Dschungels mit allerlei Tierattrappen verzehrt man leckere nordindische Gerichte. Abends kann man am Straßenrand in wuchtigen Massivholzmöbeln chillen.
Little India • 102 Serangoon Rd. • MRT: Little India • Tel. 62 99 04 00 • tgl. 11–0.30 Uhr • €€

Al Jilani Restaurant E 3
Würzig indisch • Leckere »roti prata« mit sämigen Saucen und schmackhafte »murtabak« zu überaus günstigen Preisen.
Bencoolen • 127 Bencoolen St. • MRT: Bras Basah oder Bugis • tgl. 24 Std. • €

Ananda Bhavan E 2
Vegetarische Köstlichkeiten • Sehr günstige und leckere vegetarische Küche mit diversen »curries« und Würzsaucen.
Little India • 95 Syed Alwi Rd. • MRT: Farrer Park • Tel. 63 98 08 37 • www.anandabhavan.com • tgl. 24 Std. • €

Gokul Restaurant E 2
Nord- und südindisch • Sehr sauberes und modernes Restaurant, in dem man neben hervorragenden indischen Gerichten auch malaiische Speisen bekommt.

Little India • 19 Upper Dickson Rd. • MRT: Little India • Tel. 63 96 77 69 • www.gokulvegetarianrestaurant. com • tgl. 10.30–22.30 Uhr • €

Islamic F 2
Seit den 1950er-Jahren begehrt • Nordindisch-muslimische Gerichte im Herzen des islamischen Viertels. Ausgezeichnete »murtabak«.
Little India • 745 North Bridge Rd. • MRT: Bugis • Tel. 62 98 75 63 • tgl. 10–22 Uhr • €

 MERIAN Tipp

»ROTI PRATA« E 2 und F 4
Dünner Brotteig, der einem Pfannkuchen ähnelt und mit einem »curry« oder Linsen gegessen wird. Unbedingt probieren, z. B. in den indischen Restaurants Komala Vilas (▶ S. 31) und Zam Zam (▶ S. 32). ▶ S. 15

Komala Vilas E 2
Leckeres »roti prata« • Vorzügliche und preiswerte südindisch-vegetarische Küche.
Little India • 76–78 Serangoon Rd. • MRT: Little India • Tel. 62 93 69 80 • www.komalavilas.com.sg • tgl. 11–15.30, 18–22.30 Uhr • €

Madras New Woodlands E 2
Schmackhafte Lassis • Neben zahlreichen vegetarischen Gerichten sollte man hier unbedingt auch die sagenhaften Lassis (Favorit: Mango-Lassi) probieren, die sich auch zum »Feuerlöschen« eignen, wenn ein Gericht sehr scharf war.
Little India • 14 Upper Dickson Rd. • MRT: Little India • Tel. 62 97 15 94 • tgl. 7.30–23.30 Uhr • €

Zam Zam   F 4
Empfehlenswert • Sehr feine nord-indisch-muslimische Küche.
Little India • 697 North Bridge Rd. •
MRT: Bugis • Tel. 62 98 63 20 • tgl.
8–23 Uhr • €

MALAIISCH/INDONESISCH/ARABISCH

Gerichte aus diesen Regionen basieren meist auf Reis (»nasi«) und Nudeln (»mee«). Dazu gibt es Fisch, Huhn, Rind, Lamm und Gemüse. Unerlässlich sind Gewürze, Knoblauch und Kokosmilch. »Satay«, kleine Fleischspießchen, serviert mit scharfer Erdnusssauce, müssen Sie unbedingt probieren!

Alaturka Mediterranean & Turkish Restaurant   F 3
Sisha-Atmosphäre • In diesem türkisch-arabischen Restaurant bekommen Sie alle Leckereien aus der östlichen Mittelmeerregion.
Arab Street • 16 Bussorah St. •
MRT: Bugis • Tel. 62 94 03 04 •
www.alaturka.com.sg • tgl. 11–23 Uhr • €€

Kampong Glam Café   F 3
Typisch malaiische Gerichte • In dem kleinen, typisch malaiisch-indonesischen »kedai kopi« bekommt man alles, was der Islam als »halal«, also »erlaubt«, bezeichnet. Nudel- und Reisgerichte sowie leckeres Gado-Gado kann man hier mittags oder abends essen.
Arab Street • 22 Bagdad St. • MRT: Bugis • Tel. 93 85 94 52 • tgl. 12–23 Uhr • €€

Kopitiam   F 3
Klassisch malaiisch • Sehr gute malaiisch-indonesische Gerichte, z. B. »beef rendang« oder die köstliche Süßspeise »kulh-kuih«. Es gibt mehrere Outlets, die im ganzen Stadtgebiet verteilt sind.
MRT: Raffles Place • www.kopitiam.biz • tgl. 24 Std. • €€

The Rice Table   B 2
Reisvielfalt • Preiswerte indonesische Rijstafelgerichte mit vielen kleinen Portionen.
Orchard Road • International Building, #02–09/10, 360 Orchard Rd. •
MRT: Orchard • Tel. 68 35 37 83 •
www.ricetable.com.sg • tgl. 12–15, 18–21.15 Uhr • €€

Tambuah Mas   B 2
Traditionell • Gutes und preiswertes indonesisches Restaurant. Bekannt für »beef rendang« und »tahu« (Tofu-)Gerichte.
Orchard Road • Tanglin Shopping Centre, #04–10/13, 19 Tanglin Rd. •
MRT: Orchard • Tel. 67 33 33 33 •
www.tambuahmas.com.sg • tgl. 11–22 Uhr • €

Warong Nasi Pariaman   F 3
Malaiisch • In dem kleinen Restaurant kann man sehr gute Sate-Fleischspießchen sowie allerlei Reisgerichte essen.
Arab Street • 738 North Bridge Rd. •
MRT: Bugis • Tel. 62 92 59 58 • Mo–Sa 7.30–15 Uhr • €

NYONYA

»Nyonya« heißen die Frauen bei den Peranakan-Chinesen (die Männer werden »babas« genannt), jenen Abkömmlingen eingewanderter Chinesen und einheimischer Malaien, die in ihrer Kultur und damit auch Küche die unterschiedlichen Einflüsse verbinden. Verwendet werden

Schweinefleisch und Krabbenpaste (»belancan«), Chili und Kokosmilch. Typisch sind »laksa lemak«, fettiger Reis mit Krabbenpaste und Kokosmilch, »buah keluak«, Hühnchen mit dunklen Nüssen und scharfer Sauce.

Nyonya & Baba
▶ S. 63, b 1

Das echte Singapur • In diesem Restaurant erwartet Sie authentische Nyonya-Küche mit dem unverwechselbaren Flair dieser Kultur. Unbedingt probieren müssen Sie »sour fish head curry«.
Harbour Front • VivoCity, #01–54/56, 1 Harbourfront Walk • MRT: Harbour Front • Tel. 63 76 91 38 • tgl. 11–15, 17.30–22 Uhr • €€€

WESTLICH-EUROPÄISCH
Raffles Grill
 E 3

Koloniales Flair • Exklusivstes und bekanntestes Restaurant des gleichnamigen Hotels. Formell-elegante Atmosphäre. Saftige Steaks.

Raffles • Raffles Hotel, 1 Beach Rd. • MRT: City Hall • Tel. 64 12 18 16 • www.raffles.com • Mo–Fr 12–14, 19–22, Sa 19–22 Uhr • €€€€

Equinox
E 4

Cooles Ambiente • Im 70. Stock des Swissôtel genießt man bei moderner europäischer Küche eine herrliche Aussicht über die Stadt. Exzellenter Sonntagsbrunch. Reservieren Sie unbedingt einen Fensterplatz!
Raffles • Swissôtel The Stamford, 2 Stamford Rd. • MRT: City Hall • Tel. 68 37 33 22 • www.singapore-stamford.swissotel.com • Mo–Sa 12–14.30, 15.30–17, 18.30–23, So ab 11 Uhr • €€€

One-Ninety
B 2

Stylish • Elegantes Restaurant mit erlesenen Speisen aus aller Welt. Ein Muss ist das Dessert-Büfett.
Orchard Road • Four Seasons Hotel, 190 Orchard Blvd. • MRT: Orchard •

Am Boat Quay (▶ MERIAN TopTen, S. 34) zu beiden Seiten des Singapore River genießt man die lauen singapurischen Nächte bei Speis und Trank.

Tel. 68 31 72 50 • www.fourseasons.com/singapore • tgl. 6.30–10.30, 11.30–14.30, 18.30–22.30 Uhr • €€€

Pepper Steak House & Bistro B 4

Für Fleischliebhaber • Gäste haben die Wahl zwischen fünf Fleischsorten, vornehmlich aus Neuseeland, die dann mit einer der vier beliebten Pfeffersaucen-Variationen des Hauses serviert werden.

Great World City, 1 Kim Seng Promenade • MRT: Somerset, Taxi • Tel. 68 87 32 29 • www.peppersteak.com.sg • Mo–Fr 10–23, Sa, So 9–23 Uhr • €€€

Salt Grill & Sky Bar B 3

Stylish mit toller Aussicht • Im ION Sky kann man nicht nur den Ausblick, sondern auch sehr gute Cocktails in der Sky Bar genießen. Wer hier gerne zu Mittag oder Abend essen möchte, findet im Salt Grill leckere Grillspezialitäten aus Asien und dem Westen.

Orchard Road • 2 Orchard Turn • MRT: Orchard • Tel. 65 92 51 18 • www.saltgrill.com • tgl. 11–14 und 18–22 Uhr, Bar tgl. 18–23.30 Uhr • €€€

The Line A 2

Topmodern • Opulentes Büfett für Gourmets und Leckermäuler. Absolutes Highlight ist der Schokoladenbrunnen, an dem man sich Früchte nach Wahl mit Schokosauce überziehen lassen kann.

Orchard Road • Shangri-La Hotel, 22 Orange Grove Rd. • MRT: Orchard, Taxi • Tel. 62 13 42 75 • www.shangrila.com/singapore • Mo–Fr 6–10.30, 12–14.30, 18.30–22.30, Sa, So 6–11, 12–15, 18–22.30 Uhr • €€€

Halia A 2

Oase im Park • Kleines Restaurant mitten im Botanischen Garten. Orchard Road • 1 Cluny Rd. • MRT: Orchard, Taxi • Tel. 64 76 67 11 • www.halia.com.sg • Mo–Fr 12–17, 18.30–22, Sa, So 9–17, 18.30–22.30 Uhr • €€

HAWKER CENTRES

⭐ Boat Quay E 4

Angesagt am Abend • Allabendlich werden in Restaurants entlang des Singapore River die Tische herausgestellt.

Riverfront • MRT: Clarke Quay • €€€

Cuppage Road C 3

Foodstall-Flair • Zwischen den Einkaufszentren Centrepoint und Orchard Point säumen zahllose Open-Air-Restaurants die quirlige Fußgängerzone.

Orchard Road • MRT: Somerset • €€€

⭐ Clarke Quay D 4

Eventcharakter • In Verlängerung des Boat Quay entstand 1993 ein neuer abendlicher Anziehungspunkt mit Essständen, Restaurants und Musikbars.

Riverfront • MRT: Clarke Quay • www.clarkequay.com.sg • €€

Esplanade E 4

Klimatisiert oder open air • Flanieren, gucken, essen und trinken. Im Bereich der Esplanade, zwischen Konzerthalle und River, gibt es viele Restaurants und Pubs für den geselligen Abend.

MRT: Esplanade • €–€€€

China Square E 5

Typisch Singapur • Vier Etagen voller Essensangebote unter einem

Dach. Von der »einfachen« Garküche bis zum Gourmetrestaurant.
Chinatown • 51 Telok Ayer St. • MRT: Raffles Place • €– €€€

Far East Square D 5

Klimatisiert • Essen, trinken und das Leben genießen, lautet das Motto rund um die glasüberdachte Amoy Street.
Chinatown • 133 Amoy St. • MRT: Raffles Place • €

Maxwell Food Centre D 5

Wer mittags Hunger verspürt und in der Chinatown ist, kommt hierher. So beliebt sind die guten und preiswerten Hawker-Stalls, die sehr spezielle Gerichte servieren, nach denen man anderswo lange suchen muss.
Chinatown • 1 Kadayanallur St. • MRT: Tanjong Pagar, Chinatown • tgl. 8–22 Uhr • €–€€

Sia Kee Duck Rice J 1

Einfach und gut • In diesem Familienbetrieb wird täglich Ente mit Reis frisch zubereitet. Krönung ist die leckere Sauce aus Entenfond.
Geylang • Sin Huat Eating House, 659 Geylang Rd., Lorong 35 • MRT: Paya Lebar • Mo–Fr 11–19.30 Uhr • €

Telok Ayer Market (Lau Pa Sat Market)

▶ Sehenswertes, S. 80

Tekka Centre E 2

In dem riesigen Einkaufszentrum (▶ MERIAN Tipp, S. 15) an der Serangoon Road findet jeder etwas zu essen. Ob indisch, malaiisch oder chinesisch, hier gibt es nahezu alles.
Little India • Serangoon Rd./Buffalo Rd. • MRT: Little India • tgl. 6.30–21 Uhr • €

CAFÉS UND EISDIELEN

CAD Cafe F 3

Im Ambiente eines ehemaligen Shophouses bietet man hier verschiedene Kaffeesorten und dazu leckeres Gebäck.
Arab Street • 23 Haji Lane • MRT: Bugis • www.cad.sg • Mo–Mi 8–22, Do, Fr 8–24, Sa 10–24, So 10–22 • €

In »hawker centres« (▶ S. 34) genießt man südostasiatische Küche.

Pluck F 3

Eiscreme und Gebäck auf kleinstem Raum.
Arab Street • 31/33 Haji Lane • MRT: Bugis • Tel. 63 96 40 48 • Mo–Sa 11–20, So 13–19 Uhr • €

The Coffee Bean & Tea Leaf

Klassische Kaffeehauskette mit sehr gutem Kaffee, leckerem Kuchen und immer auch ein paar Spezialitäten. Gut ein Dutzend Filialen.
www.coffeebean.com.sg • So–Do 8–23, Fr, Sa 8–2 Uhr • €

Einkaufen

Singapur lockt mit Kleidung, Uhren, Kameras, Elektronik-
artikeln, aber auch asiatischem Edelkitsch. Beliebte Mitbringsel sind exotische Gewürze oder zarte Orchideenrispen.

◄ Im The Shoppes at Marina Bay Sands (▶ S. 42) kann man sogar per Boot auf Elnkaufstour gehen.

Schon lange bevor Sir Raffles nach Singapur kam, stoppten hier arabische und orientalische Händler auf ihrem Weg von und nach China und den indonesischen Gewürzinseln. Dies ist heute noch ähnlich, denn die durchschnittliche Aufenthaltsdauer von drei Tagen verbringt der normale Tourist auch mehr mit Shopping als mit Sightseeing. Geund verkauft wird vor allem in kleinen Läden in Chinatown, Little India oder auf der Arab Street und in den Konsumtempeln entlang der Orchard Road.

Bis vor wenigen Jahren galt: kein Einkauf ohne Handeln. Mittlerweile gingen aber immer mehr Geschäftsleute dazu über, das System der »fixed prices« aus den Supermärkten und Kaufhäusern zu übernehmen. Kann dennoch gehandelt werden, erzielen Sie mit Bargeld die besten Preise.

Vorsicht bei Kreditkartenkäufen!

Selbstverständlich können Sie überall mit den gängigen Kreditkarten bezahlen. Aber aufgepasst! Immer häufiger werden Betrugsfälle aufgedeckt; Südostasien (auch Singapur) scheint dabei trauriger Spitzenreiter zu sein. Lassen Sie Ihre Karte nie aus den Augen, Kopien werden sehr schnell hergestellt. Bargeld erhalten Sie z. B. in Einkaufszentren an allen Automaten (ATM) mit der EC-Karte (mit Maestro-Logo).

Achten Sie besonders bei teuren Produkten auf die Garantie und prüfen Sie vor jedem Kauf den Garantiebeleg! Nur bei weltweiter Garantiezusicherung für zwölf Monate lohnt ein Kauf wirklich. Achten Sie beim Kauf verschiedener Produkte auch auf die Bestimmungen der internationalen **Artenschutzvereinbarung**. Nicht alle Produkte, die Sie in Singapur erwerben können (z. B. Schildpatt, Elfenbein), dürfen nach Deutschland eingeführt werden. In Zusammenarbeit mit der **Consumers Association of Singapore** vergibt das STB das »Good Retailers Scheme«, ein Merlion auf rotem Grund, für Geschäfte, die Qualitätswaren und ausgezeichneten Service bieten. Auf alle Waren wird die GST (»goods & service tax«) von 7 % erhoben. Falls Sie in einem Laden für mehr als 100 S$ einkaufen, wird ein bestimmter Betrag zurückerstattet, allerdings über den Umweg des GST-Refund-Inspection-Counter am Flughafen. Dieses Modell änderte sich Mitte 2011 sukzessive zu einer kundenfreundlicheren elektronischen Prozedur. Die Geschäfte, die am neuen »eTRS« teilnehmen, speichern beim Kauf die Information einer Ihrer Kreditkarten, auf die dann die GST zurückerstattet werden kann (Barauszahlung ist nach wie vor möglich). Man bekommt dann eine Quittung mit Barcode.

MERIAN Tipp

TEKKA CENTRE (ZHUJIAO CENTRE)   E 2

Haushaltswaren, Blumen, Gemüse, indische Accessoires, dazu unzählige Garküchen. Hier gibt es fast alles zu kaufen – und zu essen. Sehr stimmungsvoll ist das Ambiente, man fühlt sich fast wie in Indien.   ▶ S. 15

Die meisten Geschäfte sind jeden Tag geöffnet, und auch die Öffnungszeiten variieren nur wenig. Einkaufszentren machen um 10 Uhr auf und schließen gegen 21 Uhr. Kleinere Läden öffnen auch schon zwischen 8 und 9 Uhr. Einige Supermärkte haben sieben Tage die Woche rund um die Uhr geöffnet.

ANTIQUITÄTEN

Antiques of the Orient   B 2
Wertvolle alte Drucke, Karten und Bücher zur Entdeckungsgeschichte des Orients.
Orchard Road • #02–40 Tanglin Shopping Centre, 19 Tanglin Rd. • MRT: Orchard

Jiangsu Artefacts   C 3
Ausgewählte Stücke aus China zu reellen Preisen.
Orchard Road • #01–23 Orchard Point, 150 Orchard Rd. • MRT: Somerset

Lotus Arts de Vivre   E 3
Teure und erlesene Stücke aus China, Indien und Thailand.
Orchard Road • #01–28 Raffles Hotel, North Bridge Rd. • MRT: City Hall

AUSRÜSTUNG

World of Outdoor@Plaza Singapura   D 3
Hier gibt es alles für den Outdoorfan. Wer für den Dschungeltrip noch nicht alles dabeihat, wird hier garantiert fündig. Singapurer Filiale des französischen Outdoor-Spezialisten Millet.
Orchard Road • 68 Orchard Rd. • #04-62 Plaza Singapura • tgl. 10–22 Uhr

BLUMEN

Orchideenrispen eignen sich als herrliches Souvenir für daheim. Flugtauglich verpackt, halten die Blüten bis zu fünf Wochen.

In den Läden und Shoppingmalls in der Tanglin Road wird man auf der Suche nach Antiquitäten (▸ S. 38) und asiatischem Kunsthandwerk garantiert fündig.

The Flower People   E 3
Raffles • #01–10, 3 Sheah St. (neben dem Raffles Hotel) • MRT: City Hall

Veronica's Florist & Gifts   C 3
Orchard Road • 176 Orchard Rd. • MRT: Somerset

BÜCHER
Kinokuniya   C 3
Größter Buchhändler der Stadt mit drei weiteren Filialen.
Orchard Road • Ngee Ann City, Tower B, #03–10 • MRT: Orchard

MPH Bookstores   E 3
Eine der größten Ketten. Neben Reise- und Naturbüchern (auch zur Region) gibt es hier Romane, Tageszeitungen und Zeitschriften. Drei Filialen, darunter:
Raffles • 252 North Bridge Rd., #B1-21 Raffles City Shopping Centre • MRT: City Hall

Museum Shop   E 3
Nostalgisches, Bücher zur Stadtgeschichte Singapurs und zum legendären Raffles Hotel.
Raffles • #03–07 Raffles Hotel, North Bridge Rd. • MRT: City Hall

Times Bookshop   C 3
Zweiter großer Anbieter mit fast gleichem Sortiment wie MPH. Fünf Standorte, z. B.:
Orchard Road • 176 Orchard Rd. • MRT: Somerset

EINKAUFSZENTREN
Nachdem die Anzahl der »Shopping Centres« in Singapur sehr groß ist, kann nur eine kleine Auswahl erwähnt werden. Hier finden Sie alles, von Designerkleidung über Uhren und Spielzeug bis hin zu Souvenirs.

 ⑤ ⭐ MERIAN Tipp

MUSTAFA CENTRE   X 0
Rund um die Uhr einkaufen … hier in Little India geht es live statt virtuell. Und es gibt alles, was das Herz begehrt, mit viel Atmosphäre und zu sehr günstigen Preisen.   ▶ S. 15

313@Somerset   C 3
Viele junge Labels suchen die Gunst der Käufer zu erringen.
Orchard Road • 313 Orchard Rd. • MRT: Somerset • www.313somerset.com.sg

CityLink Mall   E 4
Auf dem unterirdischen Weg zwischen Raffles City und Marina Square/Esplanade kann man in zahllosen Geschäften stöbern, etwas essen oder einen Kaffee trinken.
Marina Bay • MRT: Esplanade

Far East Plaza   B 2
Das Plaza bietet sich für Preisvergleiche an.
Orchard Road • 14 Scotts Rd. • MRT: Orchard

Forum The Shopping Mall   B 2
Riesiges Spielzeuggeschäft und Läden mit Kindermoden.
Orchard Road • 583 Orchard Rd. • MRT: Orchard

ION Orchard   B 3
2009 erstrahlte dieser Stern am Shoppinghimmel. Im futuristischen Gebäudekomplex werden auf mehreren Etagen die angesagtesten Modelabels zum Verkauf angepriesen.
Orchard Road • 300 Orchard Rd. • MRT: Orchard

Liat Towers B 3

Erlesenes aus aller Welt.
Orchard Road • 541 Orchard Rd. •
MRT: Orchard

Lucky Plaza B 2/3

Bekanntester Komplex an der Or-
chard Road. Kameras, Souvenirs,
Maßanzüge oder Seidenkleidung.
Orchard Road • 304 Orchard Rd. •
MRT: Orchard

Marina Square F 4

Zu den Nobelhotels der Umgebung
passt das Warenangebot mit Schwerpunkt Schmuck, Uhren und Luxus-
bekleidung.
Marina Bay • 6 Raffles Blvd. • MRT:
City Hall

Millenia Walk F 4

Sehr neue und moderne Ladengale-
rie, in der man vor allem teure Labels
zu kaufen bekommt.

Raffles • Temasek/Raffles Blvd. •
MRT: City Hall

Ngee Ann City C 3

Im neuen Einkaufsparadies dominieren Produkte namhafter internationaler Designer.
Orchard Road • 391 Orchard Rd. •
MRT: Orchard

Orchard Central C 3

Moderne Architektur mit viel Glas
und Stahl, halb außen liegenden
Rolltreppen und neben den mehreren Hundert Shops auch mit begrün-
ten Teilen.
Orchard Road • 181 Orchard Rd. •
MRT: Somerset • www.orchard
central.com.sg

Paragon C 3

Über 100 internationale Marken,
darunter Guess, Calvin Klein und
Donna Karan.

Hinter der hypermodernen Fassade der Shoppingmall ION Orchard (▶ S. 39) findet
sich auch dieser kleine Teeladen, in dem noch ganz traditionell abgewogen wird.

Orchard Road • 290 Orchard Rd. • MRT: Somerset • www.paragon.com.sg

Park Mall D 3
An dieser Parallelstraße zur Orchard Road bekommen Sie vor allem Wohnaccessoires.
Orchard Road • 9 Penang Rd. • MRT: Dhoby Ghaut • www.parkmall.com.sg

People's Park Complex D 5
In diesem Shoppingcenter gibt es Haushaltswaren, Körbe und Taschen, Kleidung, Uhren und Spielzeug in Hülle und Fülle.
Chinatown • 1 Park Rd. • MRT: Chinatown

Plaza Singapura D 3
Eine der Malls der ersten Stunde, allerdings aufwendig renoviert und mit einem bunten Mix aus Läden für jeden Geldbeutel.
Orchard Road • 68 Orchard Rd. • MRT: Dhoby Ghaut • www.plazasingapura.com.sg

Punjab Bazaar E 2
Riesiger überdachter Markt, auf dem zahlreiche Händler vor allem Souvenirs aus Indien und vielen Staaten Südostasiens anbieten. Hier kann man sich auf die Tour in der Region einstimmen oder vergessene Souvenirs bekommen.
Little India • Serangoon Rd./Clive St./Hastings Rd./Campbell Lane

Raffles City Shopping Centre E 4
Schon architektonisch ist diese Einkaufspassage ein Blickfang: mit großer Lichtkuppel und Brücken quer durch das Innere. Kleidung, Bücher, Uhren und Schmuck. Zwei Hotels und gute Restaurants gehören ebenfalls zum Raffles-City-Komplex. Von der 71. Etage des Swissôtel The Stamford aus haben Sie einen herrlichen Blick über die Stadt.
Raffles • 250 North Bridge Rd. • MRT: City Hall

Shaw House B 2
Neben kleineren Geschäften gibt es hier das große Isetan-Kaufhaus.
Orchard Road • 350 Orchard Rd. • MRT: Orchard • www.shaw.com

Sim Lim Square/Albert Complex E 3
In den beiden benachbarten Shoppingmalls gibt es überwiegend Elektronikartikel. Man kann gut handeln und das ein oder andere preisgünstig erstehen.
Little India • Rochor Canal St. • MRT: Bugis, Little India

Sim Lim Tower E 2
Das Einkaufszentrum ist bekannt für gute Preise und eine große Auswahl an Unterhaltungselektronik.
Little India • Jln. Besar • MRT: Bugis

Suntec City Mall F 3
Mit einem Areal von 83 000 qm die größte Mall der Stadt, die aus allen Bereichen überwiegend luxuriöse Marken präsentiert.
Marina Bay • Nicoll Hwy./Rochor Rd. • MRT: City Hall

Tanglin Shopping Centre A 2
Bekannt für Antiquitäten und günstige indonesische Restaurants.
Orchard Road • 19 Tanglin Rd. • MRT: Orchard

The Heeren C 3
Die Hauptattraktion des Ladenkomplexes ist der größte HMV Store

Die Geschäfte in Little India (▶ MERIAN TopTen, S. 44) offerieren ein Sammelsurium an Stoffen, Saris, Gewürzen, Räucherstäbchen, Orchideen und Tempelgaben.

Südostasiens. Entsprechend jung ist der Großteil des Publikums.
Orchard Road • 260 Orchard Rd. • MRT: Somerset

The Shoppes at Marina Bay Sands

F 5

Lichtdurchflutet erhebt sich zwischen den mächtigen Hoteltürmen des Marina Bay Sands und dem Merlion die gläserne Architektur des Einkaufszentrums The Shoppes at Marina Bay Sands. Auf nahezu 75 000 qm kann man hier über mehrere Ebenen schlendern oder in luxuriösen Boutiquen das (letzte) Urlaubsgeld verprassen. Es wäre nicht Singapur, wenn man hier nicht auch die Gelegenheit zum Schlemmen hätte, und die gibt es reichlich, vom einfachen Snack »auf die Hand« bis zur gehobenen Küche ist alles vertreten.

Wer noch mehr erleben möchte, kann sich mit originalgetreu nachgebauten »sampans« durch die Ka-

näle der Mall schippern lassen oder auf der Schlittschuhbahn Eis laufen. Jegliche Angst vor der Kälte des Eises ist fehl am Platz, denn bei der »Eisfläche« handelt es sich um einen speziellen Kunststoff, der ein Gleiten mit Kufen ähnlich wie auf echtem Eis möglich macht.
Marina Bay • 10 Bayfront Ave. • MRT: Marina Bay • www.marinabaysands.com/shoppes

The Verge   E 2

Moderne Shoppingmall, in der man alle Waren des heutigen Alltags bekommt. Nicht so überfüllt, aber auch nicht so exklusiv wie die Malls an der Orchard Road.
Little India • 2 Serangoon Rd. • MRT: Little India

Wheelock Place   B 3

Wheelock Place glänzt mit einer tollen Fassade mit Glaspyramide. Eine Mall mit einer überschaubaren Anzahl an Geschäften.
Orchard Road • 501 Orchard Rd. • MRT: Orchard • www.wheelockplace.com

GESCHENKE
Enshine Jewellery   B 2

Neben viel Gold gibt es hier auch die hübschen vergoldeten Orchideen, Sinnbild der Stadt. Gute Verarbeitung wird durch das »Risis«-Markenzeichen garantiert.
Orchard Road • #02–72 Far East Plaza, 14 Scotts Rd. • MRT: Orchard

Pasar Bella Market ▶   Klappe vorne, c 3

Im Bereich des Bukit Timah gibt es diesen großen Markt, auf dem man neben Lebensmitteln auch zahlreiche Souvenirs (z. T. essbar) finden kann. Wer sofort Hunger bekommt, sollte es sich nicht entgehen lassen,

an einem der vielen Essstände die Köstlichkeiten zu probieren.
Orchard Road • 200 Turf Club • Bus 174 vom YMCA bis Sixth Ave. Ctr. oder Taxi • www.pasarbella.com • tgl. 9.30–19 Uhr

Royal Selangor Pewter

Ob Homedecor, Dinge für den Schreibtisch, ein Kaffeegedeck oder schmückende Gegenstände aus der Region, wie ein malayischer Kris (Dolch), oder berühmte Wahrzeichen aus aller Welt: Hier findet man alles aus Zinn, dem Material, das Malaysia und Singapur einst zu Wohlstand verhalf.
– Marina Bay • 10 Bayfront Avenue, #B2-92 The Shoppes at Marina Bay Sands • MRT: Bayfront   F 5
– Marina Bay • No 3 Temasek Blvd., #01-370 Suntec City Mall • MRT: Promenade   F 3
– Orchard Road • 391A Orchard Rd., Ngee Ann City • MRT: Orchard
    C 3

Singapore Handicraft Centre   D 5

Auf mehreren Etagen bekommen Sie hier alles, was als Reiseandenken oder Mitbringsel taugt: Bilder, Töpferwaren, Porzellan und Stoffe.
Chinatown • 133 New Bridge Rd. • MRT: Chinatown • Tel. 65 36 28 46 • tgl. 8–19 Uhr

T Galleria Singapore by DFS   B 2

Neben Kosmetik, Damen- und Herrenaccessoires (z. T. von so noblen Marken wie Dior, Estée Lauder und Tods) findet man hier auch allerlei Souvenirs aus der Region.
Orchard Road • 25 Scotts Rd. • MRT: Orchard • www.dfs.com

Weekend Flea Market China Square D 5

An jedem Sonntag nehmen Händler die unteren Etagen in Beschlag und betreiben hier einen bunten Flohmarkt.

Chinatown • 18 Cross St. • MRT: Chinatown • So 11–18 Uhr

GEWÜRZE

Good Luck Spices Mart E 2

Hier findet man alle Gewürze Südostasiens unter einem Dach, dazu gibt es auch zahlreiche Öle.

Little India • 114 Race Court Rd. • MRT: Farrer Park • www.goodluckspices.com.sg

3 Serangoon Road, Little India E 2

Die Serangoon Road und die angrenzenden Seitenstraßen bilden das indische Viertel. Überall werden hier exotische Gewürze, Gewürzmischungen und Lebensmittel verkauft. Aber auch schöner Silberschmuck und Tempelgaben werden zum Verkauf feilgeboten.

Little India • Serangoon Rd. • MRT: Little India, Farrer Park

HIFI-ELEKTRONIK

Funan Digitalife Mall E 4

Hier gibt es alles, was Elektronikfreaks beglückt. Große Auswahl und vergleichsweise günstige Preise lohnen den Besuch. Besonders reiche Auswahl im Supermarkt im 6. Stock.

Raffles • 109 North Bridge Rd. • MRT: City Hall

KAMERAS

Nikon C 3

Die ganze Welt der Nikon-Kameras und -Objektive findet man hier zu sehr akzeptablen Preisen.

Orchard Road • Centrepoint, 1st Floor, Orchard Rd. • MRT: Somerset

KAUFHÄUSER

Isetan

Japanisches Kaufhaus mit breiter Palette, internationale Mode.

– Orchard Road • Shaw Centre, Scotts Rd. • MRT: Orchard B 2

– Orchard Road • Wisma Atria, 435 Orchard Rd. • MRT: Orchard B 3

Mothercare C 3

Baby- und Kleinkinderkleidung, Kinderwagen und Zubehör.

Orchard Road • Centrepoint, Orchard Rd. • MRT: Somerset

Robinsons C 3

Alles von Haushaltsgeräten bis zu internationaler Parfümerie.

Orchard Road • Centrepoint, Orchard Rd. • MRT: Somerset

Takashimaya C 3

Ein Kaufhaus der Superlative mit einer Vielzahl Designerläden.

Orchard Rd. • Ngee Ann City, 391 Orchard Rd. • MRT: Orchard

Tangs B 2

Tangs zählt zu den großen Warenhäusern Singapurs. Doch heutzutage reicht es eben nicht mehr, eine Vielfalt an Waren zu präsentieren, denn zumindest ein Teil der Kundschaft legt Wert darauf, auch mit reinem »Umweltgewissen« einkaufen zu können. Mit dem Kosmetiklabel »Clarins«, das seine Kunden über die persönliche Kohlenstoffdioxid-Bilanz aufklärte, fing 2009 alles an. Tangs versucht seitdem, z. B. Energie (bei der Beleuchtung) einzusparen, und favorisiert wiederverwendbare Einkaufstaschen. Ein

weiteres Plus ist die Vermarktung von Bioprodukten.
Orchard Road • 320 Orchard Rd. • MRT: Orchard

Toys 'R' Us 👫   B 2
Der bekannte Spielzeuggigant besitzt auch in Singapur eine Filiale. Spielwaren, Kinderwagen, Windeln, Autositze, Elektronik für Kinder.
Orchard Road • Forum The Shopping Mall, Level 3, Orchard Rd. • MRT: Orchard und Marina Square

KOSMETIK
🍃 The Body Shop
Die Philosophie der Kette lautet »keine Tierversuche« und die Einhaltung ethischer Grundsätze bei der Herstellung von Kosmetikprodukten. Vor allem »frau« kann hier in der gesamten Palette der Schönheits- und Wellnessprodukte schwelgen. Filialen gibt es in allen größeren Shoppingmalls, z. B.:
– Raffles • Raffles City Shopping Centre, 250 North Bridge Rd. • MRT: City Hall   E 4
– Orchard Road • ION Orchard, 2 Orchard Turn • MRT: Orchard ▊▊ B 3

LEBENSMITTEL
NTUC Fairprice Supermarket
▊▊ E 3
Hier bekommt man alles, was das Herz begehrt, auch gekühlte Getränke und angepackte Snacks (von süß bis herzhaft) für unterwegs.
Arab Street • 1 Rochor Rd. • MRT: Bugis • www.fairprice.com.sg • tgl. 7–22 Uhr

Seven Eleven
In diesen rund um die Uhr geöffneten Supermärkten können Sie Getränke und Snacks bekommen.

– Orchard Road • Centrepoint • MRT: Somerset   ▊▊ C 3
– Orchard Road • Orchard Towers • MRT: Orchard   ▊▊ B 2
– Raffles • Peninsula Plaza • MRT: City Hall   ▊▊ E 4

MODE
Abercrombie & Fitch   ▊▊ C 3
Das angesagte Label für Freizeitmode im kalifornischen Surfer-Stil hat hier einen Store, der vor allem dadurch für Aufsehen sorgt, dass ständig gut trainierte junge Männer mit freiem Oberkörper die Kunden am Eingang begrüßen.
Orchard Road • 270 Orchard Rd. • MRT: Somerset • www.abercrombie. com • tgl. 10–22 Uhr

British India   ▊▊ F 5
Herrenausstatter mit Kleidung im Kolonialstil. Die Modelle sind ideal für die Tropen und versprühen den Charme vergangener Zeiten.
Marina Bay • The Shoppes at Marina Bay Sands, 10 Bayfront Ave., #B1-81 • MRT: Bayfront

Chanel   ▊▊ B 3
Neben luxuriöser Bekleidung können Sie hier auch eine Fülle hübscher, kostspieliger Accessoires erstehen.
Orchard Road • Ngee Ann City, 391 Orchard Rd. • MRT: Orchard

Giordano
Von diesem Hersteller aus Hongkong gibt es verschiedene Filialen, in denen schicke T-Shirts, Polohemden und Jeans recht preisgünstig zu haben sind. Oft gibt es Sonderangebote. Einmal wurden die Kunden aufgefordert, einen ihrer Meinung nach angemessenen Preis für Jeans zu nennen. 29 S$ war das Ergebnis, das

Unternehmen verkaufte alle Jeans zu diesem Preis. Filialen z. B. in der Orchard Road und Marina Bay:

– City Link Mall   E 4
– OG Orchard Point   C 3
– Suntec City Mall   F 3

Know It Nothing   F 3
Trendiges Designer-Outfit. Alle Stücke sollen von der Umgebung inspiriert sein und Bezüge zum Alltag haben. So findet man z. T. auch Modelle, die zwischen Mode und Arbeitskleidung liegen, z. B. Businesshemden mit großen Applikationen aus Silber.
Arab Street • 51 Haji Lane • MRT : Bugis • www.knowitnothing.com

Sup   F 3
Sehr trendige Kleidung und allerlei Accessoires aus der Szene der Skater, Hip-Hoper und des Punk. Allein das Ambiente ist den Besuch wert, da es von lokalen Graffiti-Künstlern gestaltet wurde.
Arab Street • 34 Haji Lane • MRT: Bugis • Mo–So 13–20 Uhr

OPTIK
Capitol Optical
Brillengestelle und Kontaktlinsen, Sonnenbrillen und Zubehör bieten die Filialen dieses Unternehmens zu attraktiven Preisen im
– Raffles • Raffles City Shopping Centre • MRT: City Hall   E 4
– Orchard Road • Lucky Plaza • MRT: Orchard   B 3

SCHMUCK
Juweliere gibt es in der Stadt wie Sand am Meer. »In« sind v. a. Goldketten sowie Zucht- und Süßwasserperlen. Gold wird hier – anders als bei uns – in 22 und 24 Karat (ent-

spricht etwa 999 Gold) eingeteilt und verkauft.

Cartier   C 3
Das komplette Angebot der exklusiven französischen Schmuck- und Uhrenfirma.
Orchard Road • Ngee Ann City, B#01-33, 391 Orchard Rd. • MRT: Orchard

Tiffany & Co.   F 5
Der weltberühmte Juwelier ist natürlich auch in Singapur vertreten.
Marina Bay • #B1-132/133 The Shoppes, 2 Bayfront Ave. • MRT: Marina Bay

SCHUHE
Crocs
Die Schuhe, Clogs und Sandalen sind ideal für die tropischen Verhältnisse. Es gibt derzeit 18 Verkaufsstellen, z. B.
– Marina Bay • Marina Square, 6 Raffles Blvd., #03-134, 135, 136   F 4
– Orchard Road • ION Orchard, 2 Orchard Turn #B3-64   B 3

Milan Shoes   C 3
Elegante Schuhmode von norditalienischen Designern.
Orchard Road • #02–43/45 Centrepoint, Orchard Rd. • MRT: Somerset

STOFFE
Arab Street   F 3
In den Straßen des islamischen Viertels werden Batikstoffe verkauft.
Arab Street • Arab St. • MRT: Bugis

Little India   D/E 2
Im indischen Viertel kann man überall Stoffe finden, die für Saris oder Sarongs genutzt werden.
Little India • Serangoon Rd. • MRT: Little India

UHREN

City Chain

Breite Auswahl an Uhren japanischer Hersteller. Filialen z. B.:
– Orchard Road • Far East Plaza •
MRT: Orchard  B 2
– Orchard Road • Peranakan Pl. •
MRT: Somerset C 3
– Raffles • Raffles City Shopping
Centre • MRT: City Hall E 4

Rolex C 3

Für alle Besucher weithin sichtbar ragt das Wahrzeichen dieser Uhrenmarke am Tong Building auf.
Orchard Road • Tong Building, Orchard Rd. • MRT: Orchard

Swatch E 4

Von robusten Taucheruhren bis hin zur Biep-Uhr. Hier gibt es die neuesten Modelle des namhaften Schweizer Herstellers.

Raffles • Raffles City Shopping Centre • MRT: City Hall

The Hour Glass

Großes Spektrum an exklusiven Zeitmessern von namhaften Herstellern wie Breitling, TAG Heuer, Rolex, Rado, aber auch Seiko, Citizen und Swatch.
Orchard Road • 181 Orchard Rd. •
MRT: Orchard B 3
Marina Bay • 90 Raffles Blvd. •
MRT: Orchard E 4
Marina • #1-08/09 1, Raffles Pl. •
MRT: Raffles Place E 5

WÄSCHE

La Senza F 3

Hübsche Tag- und Nachtwäsche mit dem kleinen Touch Erotik. Verschiedene Boutiquen, z. B.:
Marina Bay • 3 Temasek Blvd., Suntec City Mall • MRT: City Hall

Eine Zierde für jede muslimische Frau sind die hauchzarten, perlenbestickten »salwaar kamiz«, die traditionelle muslimische Bekleidung.

Am Abend

Wer wegen der tropischen Temperaturen nicht schlafen
kann oder will, kann in Diskos abtanzen oder sich in schicken
Nightclubs, Lounge-Bars oder Pubs vergnügen.

◄ Der Singapore Sling ist seit 1910 das Aushängeschild der Long Bar (► MERIAN Tipp, S. 16) im Raffles Hotel.

Lange Zeit war Singapur eine saubere Einkaufs- und Handelsstadt, die mit Ausnahme einiger Diskos und Hotelbars wenig für Nachtschwärmer zu bieten hatte. Die Angebote fürs Nachtleben wachsen nun besonders im Bereich Boat Quay/ Clarke Quay sowie in der Mohamed Sultan Road. Ob es nun der exotische Drink bei Kerzenlicht, die »dinner cruise« vor der Küste, Livemusik am Fluss, ein kühles Bier unter freiem Himmel oder ein Abtanzversuch in der Disko sein soll, fündig werden Sie in jedem Fall.

Nützliche Infos über das aktuelle Geschehen finden Sie unter der Rubrik »What's on« der »Straits Times«, im »Insight City Mag«, das kostenlos in Hotels und beim STB (► S. 115) erhältlich ist, oder unter www.time outsingapore.com.

In vielen Nightclubs, Bars, Lounges und Diskotheken wird an Wochenenden Eintritt (»covercharge«) erhoben, der zwischen 15 und 25 S$ liegt und mindestens ein Getränk enthält. Zwischen 16 und 20 Uhr gelten in vielen Lokalitäten die Preise der »happy hour«.

BARS

1-Altitude E 5

Open-Air-Bar in luftiger Höhe. Vom 63. Stockwerk des OUB-Hochhauses am 1 Raffles Place hat man bei gutem Wetter einen tollen Blick über die Stadt, nur ein wenig Glas bis in Hüfthöhe trennt vom freien Fall. Für die Herren sind lange Hosen erwünscht! Raffles • 1 Raffles Pl. • OUB Building • MRT: Raffles Place • Tel. 68 32 50 03

(unbedingt etwa eine halbe Stunde vorab nach den Wetterkonditionen/ Öffnung fragen) • www.1-altitude. com • Mo, Di 18–2, Mi, Do bis 3, Fr, Sa bis 4, So bis 1 Uhr

Attica D 4

Bar und Disko direkt am Ufer des Flusses. Unten kann man gemütlich ein Bier trinken, oben im Attica Too wird getanzt.
Clarke Quay/Riverfront • #01–03 Clarke Quay, 3A River Valley Rd. • MRT: Clarke Quay • www.attica.com. sg • Attica: So, Mo, Di 17–2, Mi 17–3, Do–Sa 17–5 Uhr, Attica Too: Fr, Sa 23–6 Uhr

 ## ⑥ MERIAN Tipp

NEW ASIA BAR E 4

Vom 71. Stock im Swissôtel The Stamford hat man einen tollen Blick über Singapur und genießt dabei leckere und nicht ganz preiswerte Drinks – aber das ist in dieser Höhe eigentlich selbstverständlich.   ► S. 16

Bar Opiume E 4

Elegante Cocktailbar am Singapore River. Hier findet man eine sehr gelungene Mischung aus modernem Schick und indo-chinesischem Charme. Mit eigener live Jazz-Band. Raffles • 1 Empress Pl. • MRT: Raffles Place • www.indochine-group.com • Tel. 63 39 28 76 • Mo–Do 17–2, Fr und Sa bis 3, So bis 1 Uhr

Bar Stories F 3

Nicht ganz leicht zu finden, aber lohnend, denn hier werden gute Cocktails gemixt, und zu jedem Drink gibt es eine eigene Geschichte.

Arab Street • 57A Haji Lane • MRT: Bugis • www.barstories.com.sg • Tel. 62 98 08 38 • So–Do 15–1 Uhr, Fr, Sa 15–2 Uhr • €€

 Glow Juice Bar and Café   B 2

Die sehr minimalistisch gestylte Bar setzt auf ein modernes Image. Hier trifft man sich gerne »after work« oder in der Mittagspause. Die aufgetischten Gerichte und Säfte stammen ausschließlich aus organisch erzeugten Produkten.
Orchard Road • 581 Orchard Rd., Hilton Hotel • MRT: Orchard • Tel. 67 37 22 33 • www.hilton.de/singapore • Mo–Sa 11–18 Uhr

⭐ MERIAN Tipp

WRITER'S BAR UND LONG BAR   E 3

Ein Drink in einer der berühmten Bars im ehrwürdigen Raffles Hotel darf bei keinem Singapur-Besuch fehlen – schließlich wurde hier der berühmte Singapore Sling erfunden.   ▸ S. 16

KU DÉ TA   F 5

Im Sky Park des Marina Bay Sands gehört diese Bar zum gleichnamigen Restaurant. Sie bietet eine tolle Aussicht über die Stadt aus der 57. Etage. Wer es sich leisten kann und gerne gesehen wird, nimmt in der Lounge Platz. Der Blick schweift übers Meer bis zu den ersten indonesischen Inseln. Bei Loungemusik oder aktuellen Rhythmen kann man hier den Sundowner so richtig genießen.
Marina Bay • 1 Bayfront Ave. • Marina Bay Sands North Tower • MRT: Marina Bay • Tel. 66 88 76 88 • www.marina baysands.com • tgl. 11–23 Uhr

Lantern Bar   E 4

Angst vor zu großer Höhe oder Fahrstühlen, aber Sie möchten dennoch einen Drink open air und mit gutem Blick über Singapur genießen? Der Wunsch bereitet hier kein Problem: Die Rooftop Bar im ehemaligen General Post Office, heute das Fullerton Hotel, liegt zwar nur im neuten Stockwerk, bietet aber einen tollen und unverbauten Blick über den Merlion und den Singapore River. Im Hintergrund sieht man auf den Marina-Bay-Bereich und kann auch von hier der allabendlichen Lichtshow des Marina Bay Sands Hotel folgen.
Marina Bay • 1 Fullerton Square, Fullerton Hotel • MRT: Raffles Place • Tel. 65 97 52 99 • www.fullerton hotel.com • So–Do 20–1 Uhr, Fr, Sa 20–2 Uhr

Manhattan Bar   A 3

Klassische amerikanische Cocktailbar, in der auch internationale Spitzenweine zu haben sind.
Orchard Road • 1 Cuscaden Rd., The Regent • MRT: Orchard, oder Taxi • www.regenthotels.com • tgl. 17–1 Uhr

Que Pasa   C 3

Singapurs älteste Weinbar bietet First-Class-Weine aus aller Welt an, die zum Teil auch glasweise ausgeschenkt werden.
Orchard Road • 7 Emerald Hill Rd. • MRT: Somerset • Mo–Do 13.30–2, Fr, Sa 13.30–3, So 17.30–2 Uhr

Sky on 57   F 5

Die schicke Bar im SkyPark des Marina Bay Sands Hotel bietet einen atemberaubenden Blick über die Stadt und die umliegende Region, allerdings nur bei gutem Wetter!

Marina Bay • 1 Bayfront Ave., Marina Bay Sands North Tower • MRT: Marina Bay • www.marinabaysands.com • tgl. 11–24 Uhr

The Penny Black D 4
Englischer Pub am Fluss. Britische Biere, Fish & Chips und viel Atmosphäre von der Insel locken allabendlich die Kunden.
Boat Quay • 26/27 Boat Quay • MRT: Raffles Place • Tel. 65 38 23 00 • www.pennyblack.com.sg • Mo–Do 11.30–1, Fr, Sa bis 2, So bis 24 Uhr

Wala Wala Café Bar westl. A 2
Gemütliche Bier-, Café- und Cocktailbar mit Livemusik und postkolonialem Flair.
Holland Village • 31 Lorong Mambong • MRT: Holland Village • Mo–Fr 17–1, Sa, So 17–2 Uhr

CLUBS
Butter Factory E 4
Tolle neue Disko nahe dem Fullerton Hotel. Hier kommen Hip-Hop- und Oldie-Fans auf ihre Kosten.
Marina Bay • #01–06 One Fullerton • MRT: Marina Bay

Club Kyo E 5
Kleiner Danceclub, in dem jeden Abend eine andere Stilrichtung gespielt wird. Hier treffen sich junge Singaporeaner und viele Expats.
Raffles • 133 Cecil St. • MRT: Raffles Place • Mi–Fr 21–4, Sa 23–6 Uhr

Home D 4
Nicht Mainstream, sondern lokalen Interpreten, DJs und Musikrichtungen wird hier der Vorzug gegeben.
Raffles • #31–01/06 The Riverwalk, 20 Upper Circular Rd. • MRT: Raffles Place

Ink E 4
Hier trifft sich ein meist junges Publikum, um bei tollen Cocktails und angesagter Musik den Tag ausklingen zu lassen. Manchmal spielen auch Livebands.
Raffles • 2 Stamford Rd., Swissôtel The Stamford • MRT: City Hall • www.swissotel.com • So–Do 17–1, Fr, Sa 17–2 Uhr

Am Clarke Quay (▶ MERIAN TopTen, S. 53) warten Nachtclubs und Diskos, aber auch gemütliche Restaurants.

St. James Power Station ▶ Klappe vorne, c 5
In den umgebauten Hallen eines ehemaligen Kraftwerks gibt es mehrere Clubs und Kneipen. Asiatischer Pop im **Dragonfly** oder Afro-Pop im **Movida** heizen dem Publikum gehörig ein.
Sentosa • Sentosa Gateway • MRT: Harbourfront • Di–Do 20–3, Fr, Sa 20–5, So 18–3 Uhr

Velvet Underground C 4

Der gemütliche Club bietet 60er-Jahre-Feeling und psychedelisches Dekor, in dem sich gut situierte Singaporeaner wohlfühlen.
Orchard Road • 17 Jiak Kim St. • MRT: Orchard, dann Taxi oder Bus 16 • Mi, Fr, Sa ab 22 Uhr

Am Boat Quay (▸ MERIAN TopTen, S. 53) gehen Touristen und Einheimische gemeinsam feiern.

Zouk C 4

Disko mit besonderen Events. Regelmäßig internationale Liveacts.
Orchard Road • Jiak Kim St. 17 • MRT: Orchard, dann Taxi oder Bus 16 • www.zoukclub.com • So–Mi 21–3, Do–Sa 21–4 Uhr

KNEIPEN UND LOKALE

Brewerkz D 4

Bier aus der eigenen Mikrobrauerei und gute Cocktails, dazu allerlei schmackhafte Gerichte.

Boat Quay/Riverfront • #01-05/06 Riverside Point, 30 Merchant Rd. • MRT: Clarke Quay • Mo–Do, So 12–24, Fr, Sa 12–1 Uhr

Brix B 2

Hier trifft sich die Schickeria, um bei teuren Drinks inmitten antikem Schiffszubehör zu plauschen. Täglich außer sonntags Livebands.
Orchard Road • Grand Hyatt Hotel, 10–12 Scotts Rd. • MRT: Orchard • So–Mi 21–3, Do–Sa bis 4 Uhr

Paulaner Bräuhaus F 4

Deutsche Gemütlichkeit bei hausgebrautem Bier und rustikalem bayerischem Essen.
Marina Bay • Millenia Walk, Convention Centre, 9 Raffles Blvd. • MRT: City Hall • www.paulaner.com.sg • So–Do 12–1, Fr, Sa 12–2 Uhr

Peranakan Place/Emerald Hill Road C 3

Kneipen, Pubs und Bars reihen sich in dieser schmalen Seitenstraße der Orchard Road dicht an dicht. Hier kann man tagsüber einen Kaffee genießen (im **Outdoors Café**) oder abends ein kühles Bier (im **Acid** oder in der **Alley Bar**).
Orchard Road • 180 Orchard Rd. • MRT: Somerset • www.peranakan place.com • tgl. 11–3 (Outdoor Café), 17–3 Uhr (Acid und Alley Bar)

Prince of Wales D 4

Gemütlicher Pub am River, der vor allem von Backpackern besucht wird. Das australische Bier kommt aus der hauseigenen Brauerei, auch das Essen ist australischer Probinienz. Oft Livemusik.
Boat Quay/Riverfront • 51 Boat Quay • MRT: Raffles Place • tgl. ab 17 Uhr

KONZERTE/THEATER/OPER
Esplanade Outdoor Theatre

E 4

Kostenlose Live-Rockmusik, dazu eine herrliche Brise vom River und selbstmitgebrachte Getränke genießen? Das kleine Amphitheater unterhalb der Esplanade-Konzerthalle (▸ S. 65) steht unmittelbar am Ufer des Singapore River und ist bei gutem Wetter an jedem Wochenende Schauplatz für Gigs lokaler Bands. Setzen Sie sich einfach auf die Steinstufen am Fluss oder ins Theater selbst und lauschen Sie den Klängen.
Marina Bay • Marina Promenade • MRT: Esplanade • Fr–So 19–22 Uhr

Esplanade – Theatres on the Bay
▸ Sehenswertes, S. 65

Victoria Theatre & Concert Hall

E 4

Die Konzerthalle wird für internationale Musikevents, primär aus dem Klassikbereich, sowie Theater- und Musicalaufführungen genutzt.
Raffles • 11 Empress Pl. • MRT: City Hall, Raffles Place • www.vch.org.sg

LIVEMUSIK
⭐ **Boat Quay**

D 4

Gegenüber der Raffles Landing Site, im alten Hafen von Singapur, hat vor mittlerweile fast 20 Jahren die Renovierung der Stadt begonnen. Anders als an anderen Stellen hat man hier aber die alte Bausubstanz erhalten, in der sich eine tolle Kneipen-, Bar- und Restaurantlandschaft etablieren konnte. Zahlreiche Pubs bieten Livemusik oder Blues und Karaoke-Lounges. Schauen Sie doch mal bei **Harry's@Boat Quay** rein, dem Jazzclub, in dem aber auch Oldies gespielt werden.

Boat Quay • 28 Boat Quay • MRT: Raffles Place • Tel. 65 38 30 29 • www.harrys.com.sg • Mo–Do, So 11–1 Uhr, Fr, Sa 11–2 Uhr

Bugis Street

E 3

Einst war hier das Rotlichtviertel der Stadt, mittlerweile ist es »gezähmt« und saniert. An der neuen Bugis Street gibt es nun einen überdachten (Nacht-)Markt, auf dem man neben T-Shirts (mit z. T. anzüglichen Aufdrucken – Überbleibsel des Rotlichtmilieus) auch viel anderen Touristennepp bekommen kann. Vor dem Kauf sollte man unbedingt um den Preis feilschen.
Bugis • Bugis St./Victoria St./Rochor Rd./Queen St. • MRT: Bugis

⭐ **Clarke Quay**

D 4

Nach dem Boat Quay wurde auch flussaufwärts saniert und renoviert. Herausgekommen ist ein zweiter toller Nightspot am Fluss, der mit Restaurants, Essständen und allerlei Souvenirbuden, aber vor allem mit tollen Bars und Clubs glänzt. Fans von Blues und Rockmusik müssen auf jeden Fall mal zum **Crazy Elephant**, in dem neben zahlreichen lokalen Künstlern immer mal wieder bekannte Größen wie Deep Purple, Eric Burdon, Robbie Williams und REM auftauchten.
Clarke Quay • 3 River Valley Rd • MRT: Clarke Quay • Tel. 63 37 68 59 • www.crazyelephant.com • So–Do 17–2, Fr, Sa 17–3

Holland Village   ▸ Klappe vorne, c 4

In den Kneipen im beliebten Einkaufs- und Vergnügungsviertel finden täglich Konzerte statt.
Im Westen der Insel • MRT: Holland Village

Familientipps

Auf Kinder warten viele Freizeitabenteuer. Ein Besuch des Jurong Bird Park, des Reptilienparks oder der berühmten Night Safari begeistert Groß und Klein.

◀ Im Jurong Bird Park (▶ S. 55) kann man zahlreiche exotische Vogelarten aus nächster Nähe erleben.

Haw Par Villa
▶ Sehenswertes, S. 67

ION Sky   🖥 B 3
Vom 55. und 56. Stockwerk des ION Gebäudes an der Orchard Road hat man einen tollen 360-Grad-Blick über diese Einkaufsmeile. Man fährt aber nicht nur in dieses Stockwerk hoch, sondern beginnt die »Reise« in der 4. Etage, in der ION Art Gallery. Von hier geht es mit dem Express-lift durch die »Wolkendecke« nach oben. Unterwegs und oben gibt es Interessantes über die Entwicklung von Wolken zu lernen, für den guten Durchblick sorgen Teleskope.
Orchard Road • 2 Orchard Turn • MRT: Orchard • www.ionsky.com.sg • tgl. 10–12 und 14–20 Uhr • Eintritt 16 S$, Kinder 8 S$

Jurong Bird Park   ▶ Klappe vorne, b 3
Über 9000 Vögel (etwa 600 Arten) tummeln sich in diesem Vogelpark. Besonders gelungen sind die Freiflughallen: 1200 Vögel aus den tropischen Zonen Afrikas und Amerikas finden hier einen perfekt gestalteten Lebensraum, in dem nicht einmal ein mehrere Meter hoher Wasserfall fehlt (Waterfall Aviary).
Den Arten Südostasiens ist die South East Asia Bird Aviary gewidmet. Pinguine und andere Vogelarten kühler und gemäßigter Breiten leben in einem extra kühl gehaltenen Gehege. Im Nachtvogelhaus lauern Eulen und Nachtreiher auf Beute. Zudem finden täglich Shows statt, wobei Greife verschiedener Arten die Stars der Birds of Prey Show

sind, während bei der Birds 'n' Buddies Show verschiedene Vogelarten ihre Kunststückchen vorführen.
Jurong • 2 Jurong Hill • MRT: Boon Lay, dann SBS-Bus 251 oder 194 • www. birdpark.com.sg • tgl. 8.30–18 Uhr • Eintritt 28 S$, Kinder 18 S$

Lichtspektakel und Livemusik
🖥 F 4
Jeden Abend gibt es am Marina Bay Sands Hotel zwei- bis dreimal eine 15-minütige Lasershow mit musikalischer Untermalung. Statt unmittelbar in der Menge am Hotel zu stehen, erlebt man diese Show am schönsten von der Brücke des Esplanade Drive, die den Singapore River an der Mündung in die Bay überspannt. Lehnen Sie sich an das Geländer der Brücke und genießen Sie: Eine warme Brise weht über die Bucht, im Hintergrund illuminieren Laserstrahlen Himmel und Wasser, und mit der Brise kommt zudem leise und damit unaufdringlich die begleitende Musik zu Ihnen. Dazu der Duft der Bougainvilleen, die die Brücke schmücken – ein perfektes Ziel für einen Abendspaziergang.
Marina Bay • Esplanade Drive Bridge, Marina Bay

Live Turtle & Tortoise Museum
▶ Klappe vorne, b 3
In diesem Museum kann man Hunderte von Land-, Wasser- und Sumpfschildkröten aus aller Welt bestaunen und interessante Details aus ihrem Leben erfahren. Besonders spannend sind die Fütterungen und der »Streichel-Zoo«.
Westlich der City • 1 Chinese Garden Rd. • MRT: Chinese Garden • Tel. 62 68 53 63 • www.turtle-tortoise.com • tgl. 9–18 Uhr • Eintritt 5 S$

Marina Barrage   G 5

Ganz neu und im Gesamtplan mit dem Ziel, Singapur zu einem Vorzeigemodell von Nachhaltigkeit werden zu lassen, präsentiert sich der Komplex des Marina Barrage. Dabei handelt es sich um einen großen Damm, der zwischen Flussmündung und Meer das Wasser der Marina Bay auf 10 000 ha eindämmt. Auf der einen Seite kann man so Süßwasser vom Abfluss ins Meer hindern, auf der anderen Seite sorgt man für effektiven Hochwasserschutz.

Zur Gesamtanlage gehört auch die Sustainable Singapore Gallery. In diesem Informationszentrum gibt es eine hervorragende Multivisionsshow und -ausstellung zum Thema Nachhaltigkeit und die Entwicklung Singapurs. Spielerisch kann man sich hier informieren, wie eine grünere Zukunft möglich ist. Selbstverständlich gibt es dazu auch viele praktische Beispiele wie das komplett begrünte Dach des Ausstellungsgebäudes.

Marina Bay • 8 Marina Gardens Drive • MRT Marina Bay, dann Taxi oder SBS Bus 400 • Tel. 65 14 59 59 • www.pub.gov.sg • Mi–Mo 9–21 Uhr • Eintritt frei

Night Safari

▸ Sehenswertes, S. 70

River Safari   ▸ Klappe vorne, c 2

Die neueste Sehenswürdigkeit für Natur- und Tierliebhaber gehört zum Bereich des Zoos bzw. der Night Safari. In diesem Gebiet zwischen den beiden Zoos, das unmittelbar an das Wasser grenzt, »erlebt« man die großen Flüsse der Erde mit ihrer einzigartigen Tier- und Pflanzenwelt. In riesigen Aquarien und Ter-

rarien sind hier der Mississippi, der Kongo, der Nil, der Ganges, der Murray, der Mekong und der Yangtze »nachgebaut« worden. Auf verschlungenen Pfaden geht es an den Aquarien und Becken vorbei. Da fehlt eigentlich nur der Amazonas, aber den kann man auf einer speziellen Bootstour noch realistischer erleben.

Mandai • 80 Mandai Lake Rd. • MRT: Chao Chu Kang, dann Bus Nr. 171 bis Mandai Rd. und Bus Nr. 927 bis Mandai Lake Rd. • Tel. 62 69 34 11 • www.riversafari.co.sg • tgl. 9–18 Uhr • Eintritt 28 S$, Kinder 18 S$ (Amazonas-Safari zusätzlich 5 S$, Kinder 3 S$)

Sungai Buloh Nature Park
▸ Klappe vorne, b 1

1989 begann die Nationalparkbehörde mit der Erschließung des 87 ha großen Gebiets im Nordwesten der Insel als Naturreservat. Umfangreiche Drainage- und Renaturierungsmaßnahmen begleiteten die Umwandlung von der ursprünglichen Nutzung als Fischfang- und Jagdareal zum Refugium für Tiere und Pflanzen. 1994 wurde das Gebiet der Öffentlichkeit zugänglich gemacht. Auf etlichen Kilometern Plankenweg, von Hochständen und unterirdischen Beobachtungsposten aus können Sie die etwa 140 heimischen Vogelarten (u. a. Eisvögel, Tauben und Reiher) in ihrem natürlichen Lebensraum beobachten. Je nach Jahreszeit kommen noch jede Menge Zugvögel hinzu. Nicht zu reden von etlichen Reptil-, Kleinsäuger- und Fischarten, von denen der zeitweise an Land lebende Schlammspringer zu den interessantesten gehört.

Seychellen-Riesenschildkröten zählen zu den ältesten Tierarten der Erde und erfreuen sich im Live Turtle & Tortoise Museum (▶ S. 55) bester Gesundheit.

Im Visitor Centre können Sie Ferngläser ausleihen, sich über Flora und Fauna informieren oder geführte Wanderungen buchen. Hier befindet sich auch eine kleine Kantine. Auf dem Mangrove Boardwalk mit Arboretum erfahren Sie alles Wissenswerte über Mangroven, die sich dem Gezeitenstandort mit oft wechselndem Salzgehalt perfekt angepasst haben.

Im Norden der Insel • 10 Neo Thiew Lane • MRT: Kranji, weiter mit SMRT-Bus 925 zum Kranji Reservoir Carpark, von da 15 Min. Fußmarsch bis zum Eingang (Mo–Sa); So und feiertags hält der Bus direkt am Eingang • www.sbwr.org.sg • tgl. 7–19 Uhr • geführte Wanderungen tgl. 9, 11, 13 und 15 Uhr • Eintritt frei

Zoological Gardens ▶ Klappe vorne, c 2
Etwa 2800 Tiere leben in großzügig angelegten Gehegen. Streichelzoo,

Elefantenreiten und Fototermine mit Riesenschlangen gehören genauso zum Programm wie das Frühstück mit dem Orang-Utan.

Komodo-Warane und Königskobras sind die Attraktionen der Reptilienanlage, stundenlanges Entertainment bieten die Affen des »Primate Kingdom« und die Eisbären im »arktischen« Lebensraum. Besonders spannend ist der Weg durch den »fragile forest«, den »zerbrechlichen Wald«, in dem man viele Tiere erst suchen muss!

Mandai • 80 Mandai Lake Rd. • MRT: Ang Mo Kio, dann SBS-Bus 138 oder mit Zoobus ab Orchard Rd. (9, 10, 13 Uhr, Ticket 4 S$, Kinder 2 S$) • www.zoo.com.sg • tgl. 8.30–18 Uhr • Eintritt 32 S$, Kinder 21 S$

👫 Weitere Familientipps sind durch dieses Symbol gekennzeichnet.

Der 1975 angelegte Chinese Garden (▶ S. 64) im Inselwesten ist das ganze Jahr über eine Oase der Ruhe. Das ändert sich schlagartig zum Chinesischen Neujahrsfest (▶ S. 116).

Unterwegs in **Singapur**

Museen, Galerien, ein weltbekannter Zoo, die Night Safari und zahlreiche nahezu naturbelassene Reservate laden im Stadtstaat zum Besuch ein.

Sehenswertes

Stadtteile wie Little India, Chinatown oder Arab Street wollen ebenso entdeckt werden wie Naturparks oder die Flaniermeile Orchard Road.

◄ Chinesische Mythologie mutet im Vergnügungspark Haw Par Villa (► S. 67) wie Disneyland an.

»The most surprising tropical island on earth«: So lautet ein Werbeslogan, mit dem der Stadtstaat weltweit vermarktet wird. Seit einigen Jahren wird schon daran gebastelt, dem bisherigen Image der Stadt als Einkaufsparadies ein zweites hinzuzufügen: Singapur als kulturelles Zentrum Südostasiens. Damit ist allerdings nicht unbedingt Hochgeistiges oder Traditionelles gemeint, sondern eher der allgemeine (Urlaubs-)Spaß. Immer neue Attraktionen, möglichst bunt und groß, sind der Magnet, der alljährlich Tausende von Touristen anlocken soll.

Doch das reicht dem Stadtstaat noch lange nicht, derzeit pflegt man das »grüne« Image besonders und vor allem effizient, denn schon jetzt ist Singapur die grünste Stadt Asiens (lt. Asian Green City Index). Das neueste Projekt sind die Gardens by the Bay im Marina-Bay-Bereich. Die Sehenswürdigkeiten sind über das ganze Stadt- oder besser Staatsgebiet verteilt, lassen sich aber mit MRT oder Bus leicht erreichen, auch Taxigebühren bleiben in erschwinglichen Größenordnungen.

Individuellem Entdecken steht nichts im Wege, sprechen doch Singaporeaner hervorragend Englisch. Möchten Sie dennoch auf organisierte Touren zurückgreifen, verweisen wir auf die besonders preiswerten **Stop-over-Programme,** die verschiedene Airlines anbieten. Zudem gibt es in vielen Hotels auch Filialen von lokalen Reiseagenturen, die eine Fülle von Sightseeing-Touren anbieten.

Abdul Ghaffoor Mosque   E 2

Eine Moschee im indischen Viertel? Nein, das ist kein Versehen, denn eine vergleichsweise große Zahl der Inder in Singapur sind Muslime. Schon 1846 baute man hier, im sogenannten Kampong Kapor, eine erste Moschee. Dieses hölzerne Gotteshaus diente den Händlern, Feldarbeitern und Pferdetrainern als Gebetshaus.

1881 gründete sich dann ein Verein unter Führung des leitenden Angestellten Shaik Abdul Ghaffoor bin Shaik Hydert mit dem Ziel, eine neue und vor allem größere Moschee zu errichten. Ab 1887 trat der Verein federführend dafür ein, auch das umliegende Areal zu bebauen, Geschäftshäuser entstanden in den Folgejahren. Aus den Mieteinnahmen dieser Gebäude konnte dann begonnen werden, den Bau einer neuen Moschee zu finanzieren. 1907 begannen die Bauarbeiten, 1910 hatte man zwar erst einen Teil des neuen Gebäudes fertiggestellt, doch ließ man trotzdem die alte Moschee einreißen. Die Fertigstellung zögerte sich weiter hinaus, 1919 verstarb Abdul Ghaffoor, sein Sohn übernahm die Leitung, und wohl erst 1927 konnte der Bau der Moschee finalisiert werden. Doch die Bauzeit hat sich gelohnt, denn die zahlreichen Verzierungen, das farbige Glas der Kuppel und die große Sonnenuhr über dem Eingang, deren Strahlen die Propheten des Islam symbolisieren, sind ein echtes Highlight. Somit wurde die Moschee schon 1979 zum National Monument erklärt.

Little India • 41 Dunlop St. • MRT: Little India • Tel. 62 95 42 09 • tgl. 9–13, 14–17 Uhr

Al Abrar Mosque D 5

Fast unscheinbar steht diese Moschee, eingezwängt zwischen zwei Geschäftshäusern, an der Telok Ayer Street. Nur zwei turmartige (aber auch recht kleine) Minarette machen unzweifelhaft deutlich, dass sich hinter der Fassade ein Gotteshaus befindet. 1827 wurde das Bauwerk begonnen und 1855 als Moschee eingeweiht. 1974 wurde das Gebäude zum Nationaldenkmal erklärt.
Chinatown • 192 Telok Ayer St. • MRT: Tanjong Pagar • Tel. 62 20 63 06 • www.muis.gov.sg • Besuche sind nur außerhalb der Gebetszeiten möglich.

Arab Street E 2–F 3

In dieser Straße lohnt es sich einerseits, einfach nur unter den Arkaden zu schlendern, aber auch der Besuch des ein oder anderen Ladens ist reizvoll. In diesem Viertel finden Sie z. B. neben traditionellen Kleidungsstücken wie Sarongs auch allerlei gewebte Haushaltswaren sowie zahlreiche nützliche Dinge aus Rattan (wie Wäschekörbe, Bügel und auch Stühle), die auch von der lokalen Bevölkerung hier gekauft werden. Oder soll es doch eher ein Teppich aus Afghanistan, Pakistan oder Indien sein? Hier werden Sie fündig.
Arab Street

Botanic Gardens 👫

▶ Klappe vorne, c 4

Unweit der Orchard Road, also fast noch im pulsierenden Einkaufsgeschehen der Stadt, erstreckt sich der insgesamt 52 ha große Botanische Garten. Unzählige exotische Pflanzenarten und ein See mit zahlreichen Wasservögeln, zu denen auch Eisvögel gehören, bilden eine Oase der Ruhe und Erholung. Der Park war ursprünglich ein Versuchsgelände für tropische Nutzpflanzen, ein kleiner Bestand an Kautschukbäumen erinnert daran.

1839 begann die industrielle Nutzung des Latex-Saftes, nachdem Charles Goodyear das Vulkanisierungsverfahren erfunden hatte. Bis 1877 lag das Monopol bei den Spaniern, die den Rohstoff aus ihren südamerikanischen Kolonien importierten. Eifersüchtig wachten sie über den Baum, doch gelang es 1877, Samen nach England zu schmuggeln. Hier wurden sie zu Setzlingen herangezogen, die dann erfolgreich in Malaysia angepflanzt wurden. Ergänzend wurde hier der **National Orchid Garden** eröffnet. 60 000 Orchideen (die größte Orchideenausstellung der Welt) werden gezeigt (tgl. 8.30–19 Uhr).
Orchard Road • Cluny Rd. • MRT: Botanic Garden • www.sbg.org.sg • tgl. 5–24 Uhr • Eintritt frei, Orchideengarten 5 S$

⭐ **Bukit Timah Nature Reserve** 🌿 ▶ Klappe vorne, c 3

Was verbindet Singapur mit Rio de Janeiro? Beide besitzen ein großes Areal mit Primärregenwald innerhalb ihrer Stadtgrenzen. In Singapur liegt das Gebiet etwa 12 km außerhalb der City. Auf 81 ha können Sie hier inmitten des Stadtstaates auf Trails verschiedener Schwierigkeitsgrade (Dauer: 45 Min. bis 2 Std.) Dschungeltrekking betreiben. Genießen Sie den herrlichen Blick über das Gebiet vom höchsten Punkt der Insel, dem Bukit Timah. Obwohl der Berg nur 162 m hoch ist, gestaltet sich der »Aufstieg« im feuchtwarmen Klima überaus schweißtreibend. Bunt schillernde Schmetterlinge, Mücken, Echsen, Vögel, Affen und gelegentlich eine Schlange gehören zum obligatorischen »Besuchsprogramm«. Um einen Eindruck der hier lebenden Pflanzen- und Tierarten zu bekommen, sollte man sich einer geführten Tour anschließen (Anmeldung über die Website). Wer es auf eigene Faust angehen möchte, dem sei empfohlen, sich Zeit für den grün markierten Trail zu nehmen (Dauer: 2 Std.). Dieser Pfad führt vom Visitor Centre zunächst recht steil bergab, vorbei an mit martialischen Dornen versehenen Rattanpalmen und Baumriesen. Im Naturreservat kann man neben vielen Insektenarten manchmal Makaken (eine Affenart) beobachten und mit etwas Glück einen Colugo (Flugbeutler) sehen. Vorbei an einer Schutzhütte erreicht man dann die Gabelung zur roten und blauen Route. Hier kann man entweder den Rückweg antreten oder der Route weiter bis zur zweiten Schutzhütte folgen.

Bukit Timah/Inselzentrum • 177 Hindhede Drive • MRT: Newton, weiter mit TIBS-Bus 171 • www.nparks.gov.sg • tgl. 6–19 Uhr • Eintritt frei • Man kann über die Website geführte Touren buchen oder an organisierten Wanderungen teilnehmen.

Bussorah Street 📖 F 3

Diese Straße ist zwar mittlerweile restauriert worden, hat aber viel von ihrem alten Charme und Charakter erhalten können. Geht man auf die Moschee zu, erkennt man auf der rechten Straßenseite noch die alten Shophouses aus der Zeit zwischen 1840 und 1900. Sie sind zwar in hübschen Pastelltönen bemalt, aber ihre gedrungene Bauweise und das Fehlen oranmentaler Verzierungen weisen auf die weniger wohlhabenden Zeiten hin.

WEGZEITEN (IN MINUTEN) ZWISCHEN WICHTIGEN SEHENSWÜRDIGKEITEN
*mit öffentlichen Verkehrsmitteln (Bus/MRT)   **mit dem Taxi

	Boat Quay	Fort Canning Park	Lau Pa Sat Market	Marriott Hotel	Ngee Ann City	Peranakan Place	Raffles Hotel	Zhujiao Centre/ Serangoon Rd.	Sultan Mosque	Zoo
Boat Quay	–	10**	12	7*	7*	5*	8	12*	10*	30*
Fort Canning Park	10**	–	18**	15**	15**	25	20	15**	8*	30*
Lau Pa Sat Market	12	18**	–	9*	12*	7*	30	15**	8*	30*
Marriott Hotel	7*	15**	9*	–	3	12	5*	20*	15*	35*
Ngee Ann City	7*	15**	12*	3	–	8	5*	20*	15*	35*
Peranakan Place	5*	25	7*	12	8	–	5*	20*	15*	35*
Raffles Hotel	8	20	30	5*	5*	5*	–	28	22	30*
Zhujiao Centre/ Serangoon Rd.	12*	15**	15**	20*	20*	20*	28	–	18	40*
Sultan Mosque	10*	8*	8*	15*	15*	15*	22	18	–	45*
Zoo	30*	30*	30*	35*	35*	35*	30*	40*	45*	–

Anders ist dies auf der gegenüberliegenden Straßenseite. Auch hier stehen in hübschen bunten Farben bemalte Shophouses, doch sie sind zweigeschossig, besitzen auch im oberen Geschoss hohe Fenster und sind mit zahlreichen Elementen aus europäischen und asiatischen Bauweisen (hölzerne malaiische Dachüberstände, mediterrane Rundbogenfenster mit Lüftungsschlitzen) verziert. Sie wurden also zu einer Zeit gebaut, als der Wohlstand bereits Einzug gehalten hatte, ab etwa 1930.
Arab Street

Chesed El Synagogue D 3
Die Chesed El Synagogue wurde 1905 von der jüdischen Gemeinde errichtet, nachdem die alte Maghian-Aboth-Synagoge von 1878 zu klein geworden war. Das im Stil der Renaissance erbaute Gotteshaus nutzte als eines der ersten Gebäude der Stadt Gaslaternen.
Orchard Road • Oxley Rise • MRT: Dhoby Ghaut • www.singaporejews.org • Tel. 67 36 66 22 • Öffnungszeiten variieren.

Chettiar's Temple D 3
▸ Sri Thandayuthapani Temple, S. 78

Chijmes E 3
Auf dem Gelände des ehemaligen katholischen Konvents wurde lange gebaut und restauriert. Mit Materialien aus Frankreich, Italien und England gelang es, kolonial-religiöses Flair zu erhalten bzw. wiederherzustellen. Ladenarkaden, Restaurants und eine Kleinkunstbühne (angesagte Treffpunkte am Abend sind Harry's Bar und die Diskothek Insomnia) gehören zu dem auch architektonisch interessanten Komplex. Der Handel mit und die Darstellung von Kunst sind ein weiterer Schwerpunkt des Areals. Ruhe und Erholung vom hektischen Alltag versprechen die hübsch arrangierten Pflanzungen.
Raffles • 30 Victoria St. • MRT: City Hall • www.chijmes.com.sg

Chinatown
▸ Spaziergänge, S. 98

Chinese Garden ▸ Klappe vorne, b 3
Vollendete Landschaftsarchitektur finden Sie im Chinesischen Garten, der im Westen der Insel angelegt wurde. Ein Garten mit über 1000 Bonsais ist Bestandteil der Anlage.
Westlich der City • MRT: Chinese Garden • tgl. 6–23 Uhr • Eintritt Hauptgarten frei, Eintritt Bonsaigarten 2 S$, Kinder 1 S$

Civilian War Memorial E 4
»Chopsticks« (Essstäbchen) nennt man respektlos die weißen Säulen, die zu Ehren der während der japanischen Besatzungszeit getöteten Zivilbevölkerung gen Himmel ragen. Jede der vier Säulen ist einer der betroffenen Bevölkerungsgruppen (Malaien, Chinesen, Inder und Europäer) gewidmet.
Raffles • Beach Rd./Nicoll Highway • MRT: City Hall

East Coast Park ▸ Klappe vorne, e 4
Wer hätte das gedacht: Singapur ist nicht nur eine Mega-City, sondern besitzt auch einen viele Kilometer langen Strand, der fast von der Stadt aus bis zum Changi Airport führt. Schöner Sandstrand, dazu Kokospalmen, Kasuarinen und das sanft anbrandende Meer laden zum Aus-

Das Kulturzentrum Esplanade – Theatres on the Bay (▶ MERIAN TopTen, S. 65) beherbergt einen Konzertsaal mit 1600 Plätzen und ein Theater für 2000 Zuschauer.

ruhen, zu Strandspaziergängen, zum Baden oder Sonnenbaden, Grillen oder Zelten ein. Verschiedene Restaurants bieten die Chance, auch ohne entsprechende Versorgung nicht zu verhungern, kurz gesagt: der ideale Ort, Singapur einmal ganz anders zu erleben.

East Coast • East Coast Parkway/East Coast Park Service Rd. • MRT: Bedok, dann Taxi • www.nparks.gov.sg, www.yoursingapore.com

⭐ Esplanade – Theatres on the Bay   📖 E 4

Ein eindrucksvolles Beispiel architektonischer Baukunst ist das neue Veranstaltungsgebäude am River, das der Durianfrucht nachempfunden ist. Große Kuppeln wölben sich, Insektenaugen gleich, hoch über dem Theater- und Konzertsaal auf und sorgen für perfekte Beschattung, da die metallenen Reflektoren sich individuell nach dem Stand der Sonne drehen. Unnötig, zu erwähnen, dass alle Reflektoren von Hand geputzt werden müssen!

Im Außenbereich der Konzerthalle lädt das **Esplanade Outdoor Theatre** (▶ S. 53) am Wochenende zu kostenlosen Darbietungen ein.

Marina Bay • 1 Esplanade Drive • MRT: Esplanade • www.esplanade.com

Fort Canning Park   📖 D 3/4

Möchten Sie einen Überblick über die Stadt gewinnen oder nur einen Spaziergang unter Bäumen nach einem Einkaufsbummel unternehmen und dabei auch noch historischen Boden betreten? In diesem Fall ist dieser Innenstadtpark geradezu ideal. Baumriesen recken sich aus weiten Rasenflächen empor, gepflegte Wege und Treppen führen hinauf zum ehemaligen **Fort Canning**, dem ersten Gouverneurssitz der Stadt. Hier oben siedelten schon die malaiischen Sultane, später auch Sir Stamford Raffles, um seine Stadt im Blick zu haben. Heute finden im Fort Kunstausstellungen statt. Für Naturliebhaber lohnt der Spaziergang besonders, denn Echsen, bunt schillernde Vögel und Schmetterlinge finden in dieser großen Grünanlage ein Rückzugsgebiet.

Militärhistorisch Interessierte hingegen besuchen das moderne Museum **Battle Box** (▸ S. 84) auf dem Canning Hill.

Orchard Road • Orchard Rd., Zugang von der River Valley Rd. oder vom Canning Rise • MRT: Dhoby Ghaut

Fountain of Wealth   ▨ F 3/4

Im Bereich Marina Bay befindet sich, eine Etage unterhalb des Straßenniveaus, der riesige »Springbrunnen des Reichtums«, laut »Guinnessbuch der Rekorde« der größte Brunnen der Welt. Er wurde nach Feng-Shui-Grundsätzen errichtet, um für jeden Besucher Glück, Gesundheit und Reichtum zu gewährleisten. Gut 20 m Durchmesser hat der bronzene Ring, aus dem das Wasser strömt.

Zu bestimmten Tageszeiten wird der Brunnen abgeschaltet, lediglich ein kleines Becken im Zentrum bleibt in Betrieb. Glück soll dem widerfahren, der diesen kleinen Brunnen dreimal umrundet und dabei die Hand ins Wasser hält. Abends gibt es eine Lasershow.

Suntec City • Temasek Blvd. • MRT: Promenade

🔶 Gardens by the Bay   ▨ F 5

Die Gärten (Bay South, Bay East, Bay Central) erstrecken sich auf etwa 100 ha Fläche im Marina-Bay-Bereich. Mit 54 ha ist Bay South der größte; er gilt als der attraktivste botanische Garten der Welt. Neben Gewächsen aus (fast) allen Klimazonen der Erde informieren Ausstellungen und Informationstafeln über die Klimate der Erde und ihren Wandel. Sehr informativ ist die Multimediashow zum Klimawandel. Ein Auditorium bietet mehreren Tausend Menschen Platz bei Veranstaltungen.

Hochinteressant sind die sogenannten **Supertrees**, künstliche Bäume zwischen 25 und 50 m Höhe. Sie spenden nicht nur Schatten, sondern sind so gebaut, dass sie in einer Art Zylinder Regenwasser auffangen und zwar in einer solchen Menge, dass es für die gesamte Bewässerung der Hallen ausreicht. Zudem dienen sie mit Sonnenkollektoren als Energielieferanten, sodass auch die Energieversorgung der Anlagen gesichert ist. Einzelne Supertrees kann man über den sogenannten Skywalk erkunden, eine Art Hängebrückensystem nahe der »Baumkronen«.

Mindestens so spannend sind die beiden riesigen Hallen **Flower Dome** und **Cloud Forest**. Während im Flower Dome die Klimate der Erde mit entsprechenden Pflanzen abgebildet sind, bietet der Cloud Forest einen eindrucksvollen (wenngleich künstlichen) Blick in die tropische Bergvegetation. Als Beispiel hat man sich die Region des Mount Kinabalu auf Borneo ausgesucht, der mit 4101 m Höhe verschiedene Vegetationszonen zeigt. Mit moderner Technik erlebt man hier einen Aufstieg auf unterschiedliche Höhenstufen und die dort vorkommende Vegetation. Neben der Verdunstung über einen riesigen künstlichen

Wasserfall, die die Luftfeuchtigkeit erhöht, wird zudem durch stete Berieselung der Halle eine konstant hohe Luftfeuchtigkeit erreicht.
Marina Bay • 18 Marina Gardens Drive • MRT: Marina Bay, dann SBS Bus 400 • www.gardensbythebay.com.sg • tgl. 9–21 Uhr, Außenanlagen tgl. 5–2 Uhr • Eintritt zum Park frei (Flower Dome und Cloud Forest 28 S\$, Kinder 15 S\$, Skywalk zwischen den Supertrees 5 S\$)

Haji Lane   F 3

Einst das Zentrum für diejenigen, die dringend noch Geld für die Pilgerfahrt nach Mekka benötigten und hier Arbeit suchten, aber auch für die, die selbst noch irgendeine Ware für die lange Reise benötigten. So entwickelte sich eine Gesellschaft von Händlern, die so gut wie alles verkauften. Auch heute noch findet man hier zahlreiche Shops, die schon seit den 1950er-Jahren existieren und noch immer all die Waren anbieten, die man früher hier bekommen konnte.

Doch seit ein paar Jahren hat sich viel getan. Neue, vor allem hippe Geschäfte haben sich angesiedelt und locken junge Kunden in diesen bunten Straßenzug.

Hakka Fuk Tak Ch'i Temple   D 5

Schon 1820 wurde der Tempel erbaut und bereits fünf Jahre später um buddhistische und konfuzianische Elemente erweitert. Er war dem Gott Tau Pek Gong gewidmet, zu dem man betete, um eine sichere Überfahrt von China aus zu bekommen. Mittlerweile ist der Tempel eigentlich kein Tempel mehr, sondern eher ein Museum, das dann auch wieder zu einem Hotel gehört. Insgesamt

sind große Teile des Areals, in dem sich der Tempel befindet, zum sogenannten Far East Square zusammengefasst, dessen Straßenzüge sogar teilweise überdacht wurden. Heute kommen immer wieder einmal Spieler hierher, um den Gott des Reichtums um seine Gunst zu bitten. Angeblich wird dies immer noch besonders unterstrichen, indem man die Figur mit Opium(!) beschmiert (achten Sie auf die schwarzen Spuren an der Figur). In verschiedenen Dioramen wird auch die Geschichte der Stadt dargestellt.
Chinatown • 76 Telok Ayer St., Far East Square • MRT: Raffles Place • www.fareastsquare.com.sg • tgl. 10–22 Uhr • Eintritt frei

⭐ 8 MERIAN Tipp

DSCHUNKEN- UND SAMPANTOUR   D 4

Diese Touren bieten einen ganz neuen Blick auf Singapur. Toll ist die Fahrt am Abend zur Lichtshow am Marina Bay Sands Hotel. Gestartet wird am Boat und Clarke Quay.   ▶ S. 16

Haw Par Villa 👫   ▶ Klappe vorne, c 4

Eine Art chinesisches Disney World wurde 1992 auf dem Gelände des Tiger Balm Gardens eröffnet. Die Brüder Aw, Erfinder des berühmten Tigerbalsams, hatten die Anlage ursprünglich erbaut, um die Götter zu ehren und gleichzeitig andere Menschen an ihrem materiellen Glück teilhaben zu lassen. Noch immer ist ihnen die Anlage gewidmet. Bunte, für Europäer oft kitschige Figuren stellen die chinesische Mythologie recht martialisch dar. Großen

Das Kasino (▶ S. 69) im Marina Bay Sands ist eine Spielhalle der Superlative: 350 Spieltische und 2300 Spielautomaten warten auf Kundschaft aus aller Welt.

Spaß bereiten die Wasserrutschen, Theateraufführungen mit traditionellen Tänzen oder ein Spaziergang durch die »Hölle«.
Queenstown • 262 Pasir Panjang Rd. • MRT: Orchard, dann Bus 143, oder MRT: Buona Vista, dann Bus 200 • tgl. 9–19 Uhr • Eintritt frei

Helix Bridge   F 4
Den »alten« Teil von Marina Bay verbindet eine kunstvoll geschwungene Brücke aus Glas und Metall mit dem »neuen« Teil, jenem neu geschaffenen Stück Land, auf dem sich das Marina Bay Sands (▶ S. 22) und die **Gardens by the Bay** ⭐ befinden. Die Struktur aus zwei gegenläufig angeordneten Metallgerüsten ist der DNA-Doppelhelix nachempfunden und Sinnbild für »Leben und Kontinuität«, »Erneuerung«, »dauerhaften Überfluss« und »Wachstum«.
Marina Bay

ION Sky
▶ Familientipps, S. 55

Jamae Mosque (Chulia Mosque)   D 5
1826 errichteten tamilische Muslime (die Chulia) aus dem Süden Indiens hier die erste Moschee. Erbaut im Stil eines Palasts, ist sie sehr sehenswert, zumal sie verschiedene Elemente vereinigt, darunter das südindisch beeinflusste Portal und die neoklassizistischen Gebetsräume.
Chinatown • 218 South Brigde Rd. • MRT: Chinatown • www.mosque.org. sg • Tel. 62 21 41 65 • tgl. 10–21 Uhr • Eintritt frei

Jinrikisha Station   D 5
An der Ecke Tanjong Pagar Road und Neil Road sticht als recht auffälliges Gebäude die Jinrikisha Station spitzwinklig, zugleich aber mit vielen Rundungen versehen, aus dem

Einerlei der Gebäude hervor. 1903 wurde das Bauwerk als Zentrale der Rikschas errichtet. In dem im neobarocken Stil errichteten Gebäude wurden diese Fahrrad-Taxis registriert und auf ihre Verkehrssicherheit geprüft. Nach dem Zweiten Weltkrieg wurde das Gebäude das Zentrum für Familienplanung, heute dient es als Geschäfts- und Wohnhaus.

Chinatown • Tanjong Pagar Rd./Neil Rd. • MRT: Chinatown • nur von außen zu besichtigen

Kasino F 5
Im gigantischen Marina Bay Sands Hotel befindet sich ein riesiges Kasino, in dem alle Spiele vollkommen automatisiert ablaufen. Hier rollt keine Kugel mehr real, hier spielt man am Bildschirm. Touristen können hier ohne Eintrittsgeld rund um die Uhr spielen, Singaporeaner müssen 100 S$ Eintritt zahlen. So möchte man den Einheimischen das Spielen etwas verleiden und hofft auf weniger Spielsüchtige.

Marina Bay • 10 Bayfront Ave. • MRT: Marina Bay • Tel. 66 88 88 68 • www.marinabaysands.com • tgl. 24 Std. geöffnet

Leong San See Buddhist Temple E 1
1917 wurde dieser kleine buddhistische Tempel an der Race Course Road erbaut. Er wird auch als »Dragon Mountain Temple« bezeichnet, da sein Dach mit sehr hübschen Drachenmotiven verziert ist. Im Inneren stehen Figuren von Kuan Yin, der Göttin der Barmherzigkeit, und Buddha, denen innig gehuldigt wird.

Little India • 371 Race Course Rd. • MRT: Farrer Park • tgl. 6–18 Uhr

Little India
▶ Spaziergänge, S. 94

Live Turtle & Tortoise Museum
▶ Familientipps, S. 55

Malay Heritage Centre F 3
Wer bei seiner Asienreise keine Gelegenheit hat, das Nachbarland Singapurs kennenzulernen, kann das im Malay Heritage Centre im Kurzdurchgang nachholen. Hier bietet sich eine gute Möglichkeit, die malaiischen Wurzeln Singapurs farbenprächtig zu erleben. Neben einem informativen Museum werden auch klassische Handwerkskünste wie Drachen- oder Kreiselbau gezeigt. Tanzvorführungen runden das Programm ab.

Arab Street • Istana Kampong Glam, Sultan Gate 85 • MRT: Lavender, Bugis • Di–So 10–18 Uhr • Eintritt 4 S$, Vorführungen 15 S$, Kinder 8 S$

Marina Barrage
▶ Familientipps, S. 56

⭐ Merlion E 4
Das Wahrzeichen der Stadt und Logo des Singapore Tourist Promotion Board (STPB) steht Wasser speiend auf einer Landzunge an der Mündung des Singapore River. 8 m hoch ist das Fabelwesen mit dem Körper einer Meerjungfrau und dem Kopf eines Löwen. Es erinnert an die Sage von Prinz Utama, der als erstes Lebewesen einen Löwen erblickte, als er Singapur erreichte und daraufhin der Stadt ihren Namen gab. Merlion ist ein Kunstwort, das sich aus »mermaid« (Meerjungfrau) und »lion« (Löwe) zusammensetzt. Bei Sonnenuntergang ist ein Spaziergang rund um die Statue im **Merlion**

Park ein Erlebnis; man kann die Boote beobachten, die beeindruckende Skyline des Bankenviertels jenseits des alten General Post Office auf sich wirken lassen, sich den Wolkenkratzern im Bereich des Raffles Hotel zuwenden oder den Blick auf die drei Türme des Marina Bay Sands Hotel genießen, von dem aus abends eine tolle Lasershow über den River-Bereich strahlt. Im Hintergrund spannen sich zudem gigantische Straßenbrücken über das Wasser, auf denen der Verkehr zeitgemäß pulsiert, während die verbliebenen Sampane im Mündungsbereich des Flusses eher gemächlich-nostalgisch dahindümpeln.

Marina Bay • MRT: Raffles Place

Mount Faber   A 6

Im Süden der Insel erhebt sich dieser 106 m hohe Hügel, von dessen Plateau aus man einen herrlichen Blick über die City mit ihrer beeindruckenden Skyline sowie über die gigantischen Hafenanlagen genießt. Verbinden Sie diesen einzigartigen Ausblick mit einem Besuch auf der direkt vorgelagerten Insel Sentosa, zu der von hier aus eine original Schweizer Drahtseilbahn fährt.

Nördlich der City • 109 Mount Faber Rd. • MRT: Harbour Front

Nagore Durgha Temple   D 5

Als mit der Ankunft Raffles' in Singapur auch immer mehr Inder auf die Insel kamen, befanden sich unter ihnen auch zahlreiche Menschen aus Südindien, die sogenannten Chulias. Obwohl man ihnen einen anderen Bereich am Fluss zuwies, siedelten etliche nach und nach auch nahe der chinesischen Bereiche an der Telok Ayer Street. Unter ihnen war auch

Kaderpillai, der 1827 hier ein Stück Land für 99 Jahre bekam, auf dem er zwischen 1828 und 1830 einen Tempel erbaute. Bemerkenswert ist die Architektur des Gebäudes, das mit seinen Rundbogenfenstern und Säulen eher an einen (wenn auch kleinen) Palast erinnert als an einen Tempel. Dies wird durch die vielen kleinen Ausschnitte in den Wänden des oberen Geschosses noch betont. Im Inneren befinden sich neben der Gebetshalle auch zwei Schreine, die in bunten Farben bemalt sind.

Chinatown • 148 Telok Ayer St. • MRT: Tanjong Pagar • Tel. 62 56 81 88 • www.singaporenagoredurga.com • zugänglich außerhalb der Gebetszeiten

8 ⭐ Night Safari 👫   ▶ Klappe vorne, c 2

Unmittelbar neben den Zoological Gardens (▶ S. 57) wurde 1994 eine weitere Attraktion eröffnet: ein Nachtzoo – einzigartig auf der Welt. Immerhin 90 % der Tiere aus tropischen Regionen sind nachtaktiv. In einem normalen Zoo sind sie, sofern sie überhaupt zu sehen sind, meistens apathisch anzutreffen. Hier erlebt man sie zu Zeiten, in denen sie aktiv sind. Über 100 Arten mit etwa 1000 Exemplaren können – nach Lebensräumen getrennt – mit einer Elektrobahn oder zu Fuß besucht werden. Hirsche und Tapire kommen der Bahn auf Streichelentfernung nahe, Elefanten und Rhinozerosse bleiben hinter Gittern. Blitzlicht ist nicht gestattet! Achtung! Die Anreise zum Zoo/Night Safari dauert mit öffentlichen Verkehrsmitteln bis zu 2 Std.

Mandai • Mandai Rd. • MRT: Ang Mo Kio, weiter mit SBS-Bus 138 oder MRT: Choa Chu Kang, weiter mit TIBS

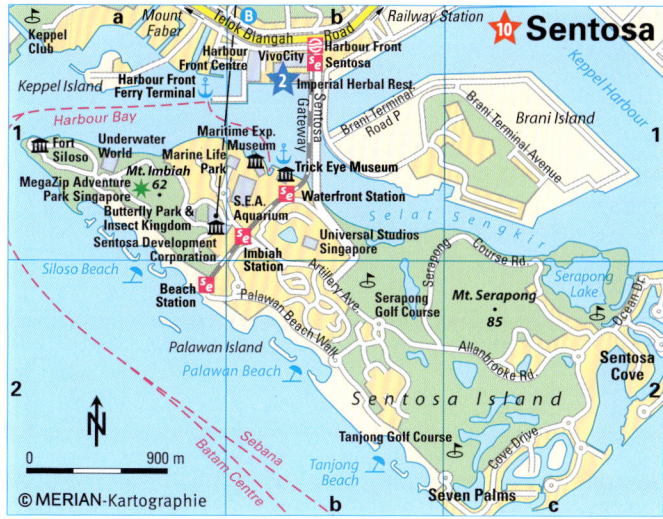

verschiedenen Buslinien, die Strand-Tram und den Sentosa-Express benutzen und so sehr komfortabel zu allen Punkten gelangen. www.sentosa.com.sg • Eintritt 1 S$ (hinzu kommt der Eintritt für besondere Anlagen wie z. B. Underwater World oder Fort Siloso)

Singapore Flyer F 4

Im wahrsten Sinn des Wortes ist der 2008 eröffnete Singapore Flyer ein Highlight, denn das größte Riesenrad der Welt hat einen Durchmesser von 150 m und eine maximale Höhe von 165 m. Aus den 28 voll klimatisierten Kabinen hat man nicht nur einen herrlichen Blick über die Marina Bay, sondern auch über das Meer, die Stadt und bei gutem Wetter bis nach Indonesien und Malaysia. Etwa 45 Min. dauert ein »Flug«, sodass auch reichlich Zeit zum Schauen bleibt. Wer das ganz besondere Erlebnis sucht, kann sich sogar in einer Gondel trauen lassen.

Marina Bay • Raffles Ave., Marina Bay • www.singaporeflyer.com.sg • MRT: City Hall • tgl. 8.30–22.30 Uhr • Eintritt 33 S$, Kinder 23 S$

Rainforest Discovery
Zum Singapore Flyer gehört auch ein eigener kleiner Regenwald, der sich im Inneren des Terminals befindet. Zwischen üppig wuchernden Pflanzen findet man hier Pfade, Teiche und Wasserläufe mit kleinen Wasserfällen. Ein idealer Platz, um auf die Fahrt mit dem Flyer zu warten.

Sir-Stamford-Raffles-Statuen E 4

Gleich zweimal kann man die Statuen des Pioniers bewundern. Das Original wurde 1887 von Thomas Whoolner in Bronze angefertigt und steht nun am Victoria Theatre. Nur wenige Meter entfernt fließt der Singapore River ins Meer, und hier soll Raffles am 29. Januar 1819 zum ersten Mal den Boden Singapurs betre-

Die im Süden vorgelagerte Insel Sentosa (▶ MERIAN TopTen, S. 73) lockt mit Meer und Stränden, aber auch mit hochklassigen kommerziellen Vergnügungen.

ten haben – ein geeigneter Ort, um eine steinerne Kopie der Bronzestatue aufzustellen. Thomas Stamford Bingley Raffles (1781–1826) trat schon als 14-Jähriger in den Dienst der britischen East India Company, wurde rasch durch Fleiß und Einsatzfreude bekannt und erhielt 1805 den Posten des Assistant Secretary von Penang (Malaysia). 1811 führte er ein militärisches Unternehmen nach Java, um die Holländer von dort zu vertreiben, entdeckte quasi nebenbei den Borobudur-Tempel und war

insgesamt so erfolgreich, dass er 1817 geadelt wurde. Sein Engagement für Reformen in den Kolonien fand weniger Anklang, seine Widersacher erreichten sogar seine Versetzung nach Bencoolen (Sumatra).

Raffles' großer Traum war es, einen neuen Handelshafen, frei von holländischem Einfluss, in dieser Region anzulegen. Unterstützung bekam er von William Farquhar, dem Gouverneur Malaccas (Malaysia). Zusammen rüsteten sie eine Expedition aus und gelangten 1819 zuerst

nach Sentosa, dann auf die Hauptinsel. Rasch erkannte Raffles den Wert dieser günstig gelegenen Insel und errichtete dort im Februar 1819 einen Handelsposten nach Verhandlungen mit dem Sultan von Johor. 1823, drei Jahre vor seinem Tod, kehrte er nach England zurück. Sein Privatleben war von zahlreichen Schicksalsschlägen gekennzeichnet. Er hatte den Tod einer Ehefrau und von vier Kindern zu verkraften. Sein Biograf Nigel Barley schreibt: »Das Leben war niemals müde, ihm einen Schlag zu versetzen, wenn er ohnehin gerade am Boden lag.«
Riverfront • North Boat Quay/Raffles Landing Site • MRT: Raffles Place, dann zu Fuß über die Cavenagh Bridge

Snow City   ▶ Klappe vorne, b 3
Im tropischen Klima mit Schneebällen werfen, rodeln und Temperaturen unter 0 °C erleben? Für Singaporeaner und viele andere Menschen aus der Region ist das hip! Drei Stockwerke hoch ist die Schneelandschaft, in der man auch eine etwa 60 m lange Rodelpiste nutzen kann.
Westlich der City • 21 Jurong Town Hall Rd., MRT: Jurong East, dann Bus Nr. 335 oder 66 • tgl. 10–18 Uhr • Eintritt ab 15 S$, Kinder 15 S$ (1 Std. Schneevergnügen)

Southern Ridges   westl. A 6
Auf den Höhen der südlichen Hügel findet man noch heute einen dichten Sekundärwald. Er ist von zahlreichen Trails durchzogen, auf denen man vor allem die Pflanzenwelt in ihrer natürlichen Umgebung erkunden kann. Aber auch zahlreiche Tiere lassen sich hier immer mal wieder blicken. In erster Linie sind da Insekten, allen voran Mücken zu nennen, aber auch die bunte Vogelwelt und zahlreiche Reptilien sind zu sehen. Auf festen Brücken kann man stellenweise hoch in den Baumwipfeln wandern und damit eine vollkommen anderen Blickwinkel auf die Natur des Regenwalds bekommen.
Harbourfront • Henderson Rd. • MRT: Telok Blangah oder Harbourfront, dann mit einem der zahlreichen Busse (z. B. 10, 30, 57) bis zum Sheah Im Food Center • www.nparks.gov.sg

Sri Mariamman Temple   D 5
Dieser älteste Hindutempel Singapurs wurde bereits um 1827 als Gebäude aus Holz und Attap-Matten (Flechtmatten aus Palmblättern und Gräsern) errichtet. Seit 1843 ergänzen Ziegelmauern das Bauwerk. Glocken zieren die Eingangstüren, zahllose Götterfresken die Wände und Decken. Gläubige Hindus beten hier zur Göttin Sri Mariamman, um von Krankheiten geheilt bzw. vor ihnen geschützt zu werden. Im Oktober ist der Tempel Hauptschauplatz des **Thimithi**-Fests, zu dem Gläubige über glühende Kohlen laufen. Ziehen Sie vor Betreten des Tempels Ihre Schuhe aus! Nach dem Besuch sollten Sie noch einen Blick auf die **Jamae Mosque** (▶ S. 68), nur einen Block nördlich, werfen. Diese verdeutlicht durch die Nähe zum Hindutempel die Mischung unterschiedlicher Kulturen in Singapur und ihr friedliches Nebeneinander.
Chinatown • 244 South Bridge Rd. MRT: Chinatown

Sri Srinivasa Perumal Temple
E 1
Der hinduistische Tempel ist weithin durch den 20 m hohen Gopuram (Turm) am Eingang zu sehen. Dieser

Turm wurde erst 1966 hinzugefügt und zwar als private Spende einer der ersten indischen Einwandererfamilien, die zu besonderem Wohlstand gekommen war.

Der Tempel ist Vishnu geweiht, einer der bedeutendsten Gottheiten im Hinduismus. Eine seiner Inkarnationen ist Perumal, dessen Statue im Inneren zu sehen ist. Sein weibliches Pendant Lakshmi, die Göttin des Wohlstands und der Schönheit, ist hier ebenfalls als Statue zu sehen. Zum alljährlichen **Thaipusam-Fest** (▸ MERIAN Tipp, S. 17) beginnen hier die Prozessionen.

Little India • 397 Serangoon Rd. • MRT: Farrer Park • Tel. 62 98 57 71 • tgl. 6.30–12, 17–21 Uhr

Sri Veerama Kaliamman Temple
📖 E 2

Dieser Tempel ist einer der farbenprächtigsten und beeindruckendsten Hindutempel Singapurs. Er ist der Göttin Kali (was so viel wie »die Schwarze« bedeutet) gewidmet, die im Hinduimus für Zerstörung und Tod, damit zugleich aber auch für Erneuerung steht. Diese Göttin wird vor allem in Bengalen verehrt, der Heimat vieler indischer Arbeiter, die den Tempel 1881 erbauten. Sie bauten auch Statuen, die Kali mit einer Kette aus blutigen Schädeln zeigt, die die Furcht vertreiben soll. An anderer Stelle wird sie ungleich familiärer gezeigt, wenn sie z. B. mit ihren Söhnen Ganesh, Gottheit aus Mensch und Elefant, und Murugan, dem Sieger über das Böse, dargestellt ist.

Nehmen Sie sich etwas Zeit für den Besuch. Ziehen Sie Ihre Schuhe aus und bleiben Sie dann nahe dem Eingang stehen. Gläubige läuten zuerst an einem der Glöckchen an der hohen Eingangstür im Gopuram und umrunden anschließend mehrfach den inneren Schrein, allerdings in ungerader Anzahl, um Glück zu erbitten.

Little India • 141 Serangoon Rd. • MRT: Little India • Tel. 62 95 45 38 • www.sriveeramakaliamman.com • tgl. 8–12.30, 16–20.30 Uhr

Sri Thandayuthapani Temple
📖 D 4

Der Hindutempel ist auch unter der Bezeichnung **Chettiar's Temple** bekannt. Er zeigt südindische Kultureinflüsse, gehört aber zu den neueren Bauwerken, die 1980 komplett neu aufgebaut wurden. Ursprünglich stammten die Vorgänger dieses Tempels von 1850. Sie wurden aber immer wieder ergänzt und waren schließlich zu baufällig. Beeindruckend sind die vielen Schreine im Innenhof. 48 Glasspfannen im Dach sind so zum Himmel hin ausgerichtet, dass das Licht der auf- und untergehenden Sonne den Innenraum beleuchtet. Besonders faszinierend sind die Feierlichkeiten zum **Thaipusam**-Fest (▸ MERIAN Tipp, S. 17) und zum **Navarathiri-Fest** im Oktober.

Orchard Road/River Valley District • 15 Tank Rd. • MRT: Dhoby Ghaut, dann zu Fuß über die Penang Rd. und Clemenceau Ave. • www.sttemple.com

St. Andrew's Cathedral
📖 E 4

Klein und zurückgezogen wirkt die anglikanische Kathedrale im Schatten der Hochhäuser, denn je nach Standpunkt ragen entweder die Türme des Raffles-City-Komplexes oder des Peninsula Plaza/Excelsior Hotel hinter ihr auf. Das Kleinod inmitten dieser Giganten wirkt fried-

Dem Briten Sir Thomas Stamford Raffles, Gründer des modernen Singapur, wurde
u. a. eine Statue (▸ S. 75) am North Boat Quay gewidmet.

lich und ruhig, sicherlich auch durch seine weiße Außenfassade, die mit einer Mischung aus Eiweiß, Kokosfasern, Muschelkalk und Zucker (»Madras Chunam«) verputzt wurde. Begonnen wurde mit dem Bau des Gotteshauses 1828. Eine erste Kirche musste nach Zerstörungen durch Unwetter und Blitze abgerissen werden. 1856 begann Colonel Ronald MacPherson mit dem Neubau der Kathedrale, die 1861 eingeweiht werden konnte. Weniger ruhmvoll ist jedoch die Tatsache, dass es sich bei den Arbeitern überwiegend um indische Sklaven handelte.
Raffles • 11 St. Andrew's Rd. • MRT: City Hall

Sultan Mosque   F 3
Goldglänzend erhebt sich die Kuppel der Moschee über dem islamischen Viertel der Stadt, zwischen Arab Street, North Bridge und Beach Road. Mit dieser Kuppel aus massivem Gold und der riesigen Gebetshalle, ausgelegt mit Teppichen aus den arabischen Emiraten, gehört sie zu den bedeutendsten religiösen Gebäuden Singapurs. Achten Sie auf den Kranz unterhalb der Kuppel. Hunderte von Flaschenböden formen den Ring, aber niemand weiß, warum gerade hier Flaschen eingearbeitet wurden. 1928 konnte die Moschee nach vierjähriger Bauzeit eingeweiht werden.
Arab Street • 3 Muscat St. • www. sultanmosque.sg • MRT: Bugis, dann zu Fuß über Victoria und Arab St.

Suntec City   F 3
Mehr als nur eine weitere Shoppingmall im Herzen der lebhaften Löwenstadt erwartet den Besucher von Suntec City im Stadtteil Marina Bay. Lifestyle-Produkte, Dienstleistungsbetriebe, zahlreiche Restaurants und

Pubs sowie High-End-Boutiquen faszinieren in der eigens dafür geschaffenen Glitzerwelt. Sollte man sein Budget beim Shopping überstrapaziert haben, sorgt eine kleine Opfergabe am **Fountain of Wealth** (▶ S. 66) für göttlichen Beistand.

Marina Bay • 5 Temasek Blvd. • MRT: Esplanade

Telok Ayer Market (Lau Pa Sat Market) 🛉🛉   E 5

Die ehemalige Markthalle im Herzen des Bankenviertels wurde in den vergangenen Jahren aufwendig und mit Liebe zum Detail renoviert. Die sehenswerte gusseiserne Architektur aus dem vorvergangenen Jahrhundert, übrigens die letzte ihrer Art im asiatischen Raum, blieb allerdings erhalten. Mittlerweile beherbergt das eindrucksvolle Gebäude 88 Essstände und ist auch unter dem Namen Lau Pa Sat Market bekannt. Am besten besucht man diese nostalgische Halle um die Mittagszeit, weil dann die dort angebotenen Köstlichkeiten aus jedem Winkel der Welt ganz frisch zubereitet sind.

Chinatown • Shenton Way/Cross St. • MRT: Raffles Place • www.laupasat.biz

Temple of 1000 Lights (Sakaya Muni Buddha Gaya)   E 1

Die 15 m hohe und 300 t schwere Buddhastatue im Inneren der Anlage ist das Herzstück und die bedeutendste Sehenswürdigkeit dieses Tempels. Die unzähligen kleinen Glühlämpchen, die den sitzenden und bunt bemalten Buddha Shakya Muni umkreisen, haben der Tempelanlage in Little India ihren Namen gegeben. Ende der 1920er-Jahre wurde der Tempel von Mönchen aus Thailand gegründet. Szenen aus Buddhas Leben, sein Weg zum Glauben und schließlich die Erleuchtung sind in zahlreichen Reliefs und Malereien festgehalten. Besonderheiten sind die Imitation eines Fußabdrucks Buddhas und ein Ableger des Bodhi-Baumes (einer Pappelfeige) aus Indien im Garten der Anlage. Hier finden auch die Feierlichkeiten zum **Vesakh Day** (▶ S. 116) statt.

Little India • 366 Race Course Rd. • MRT: Farrer Park

The Float@Marina Bay   F 4

Große Sportveranstaltungen und Teile der Paraden zum Nationaltag werden mittlerweile auf der riesigen Bühne in der Marina Bay abgehalten. An sechs großen Pilonen ist die schwimmende Bühne befestigt, die Tribüne am Ufer bietet 30 000 Zuschauern Platz.

Marina Bay • Marina Promenade • MRT: Esplanade • www.marina-bay.sg

Thian Hock Keng Temple   D 5

Der Tempel ist einer der ältesten Hokkien-Tempel Singapurs, der Ma Zu (Göttin der See) geweiht ist. Zu ihr wurde für eine sichere Überfahrt nach Singapur gebetet. Ab 1839 baute ein Hokkien-Clan unter Führung von Tan Tock Seng und Si Hoo Keh diesen Tempel. Neben dem Gebetsbereich war auch das Büro des Clans untergebracht.

Vor dem Eingang stehen zwei Löwenstatuen, das Weibchen hat ein Jungtier. Im Maul des Löwen liegt eine Granitkugel. Der Kopf ist aus einem Stück gehauen, die Kugel, die nicht herausnehmbar ist, muss folglich im Maul des Löwen selbst gefertigt worden sein.

Interessanterweise zieren Delfter Porzellankacheln die Wände des

Hofes. Im Tempel selbst gibt es zahlreiche bedeutende Stück zu sehen, so z. B. die in Stein gemeißelte Geschichte des Tempels, die Worte »Bo Jing Nan Ming« (sanfte Wellen des südlichen Meeres), die auf Guang Xu, einen Kaiser der Qing-Dynastie, zurückgehen.

Der gesamte Tempel wurde ohne einen einzigen Nagel errichtet, ein Umstand, der den Bau 1973 zum National Monument und 2001 zum UNESCO-Weltkulturrebe machte.

Chinatown • 158 Telok Ayer St. • MRT: Tanjong Pagar • Tel. 64 23 46 16 • www.thianhockkeng.com.sg • tgl. 7.30–17.30 Uhr • Eintritt frei

Toh Orchid Gardens
▶ Klappe vorne, c 2

Tausende von Orchideen verwandeln das Gelände ganzjährig in ein buntes Blütenmeer. Diese Pflanzen, die eigentlich als Epiphyten (Aufsitzerpflanzen) aus den Regenwäldern stammen, wachsen besonders gut in mit Holzkohle gefüllten Töpfen, bei mäßigem Gießen und Düngen.

Das Gelände liegt in der Nähe der **Zoological Gardens** (▶ S. 57), sodass sich beide Besuche gut miteinander verbinden lassen.

Nördlich der City • Lorong Pasu • MRT: Chao Chu Kong, dann Bus Nr. 975 oder 172 • www.tohgarden.com • tgl. 9–15 Uhr • Eintritt frei

Vivo City
södl. A 6

Erbaut vom japanischen Stararchitekten Toyo Ito, bietet dieser vergleichsweise neue Konsumtempel einen tollen Blick auf den Hafen. Neben den Niederlassungen fast aller großen Labels gibt es hier sehr viele Restaurants, Kinos und Bars.

Mount Faber • Telok Blangah Rd. • MRT: Harbourfront • www.vivocity. com.sg • tgl. 10–22 Uhr

Schon die nostalgische Architektur des Telok Ayer Market (▶ S. 80) ist ein Blickfang. Unter dem Dach der Markthalle preisen viele Stände ihre Gerichte an.

Museen und Galerien

Geschichte und Gegenwart werden in Singapur attraktiv dargestellt. Das Chinatown Heritage Centre oder das National Museum faszinieren auch Museumsmuffel.

◄ Die Architektur des 2011 eröffneten Art Science Museum (▶ S. 83) ist einer geöffneten Lotosblüte nachempfunden.

Singapur ist stets bestrebt, aktuelle Trends zu erkennen und mit entsprechenden Highlights ein Weltpublikum zu begeistern. Eines der großen Ziele des Stadtstaates ist es, auch kulturell interessierten Besuchern ein attraktives Angebot machen zu können. Zahlreiche Museen und Kunstausstellungen wurden in den letzten Jahren eröffnet oder umfangreich renoviert und mit modernster Technik ausgestattet. Weitere Ausstellungsflächen, Konzert- und Theaterhallen sind in PLanung.

Aber nicht nur so versucht der Stadtstaat zu glänzen. Auch die landschaftsgärtnerische Gestaltung ist vielerorts ein Hochgenuss. Ständig werden Ausstellungen erweitert und neue Projekte initiiert. Unser aktuelles Medien- und Technologiezeitalter findet seinen Platz im **Singapore Discovery Centre** und im **Singapore Science Centre**.

Aktuelle Informationen gibt es jeweils beim STB (▶ S. 115). Hier erhalten Sie die »Singapore Travel News«. Unter der Rubrik »What's on« erfahren Sie aus den Tageszeitungen alle Neuigkeiten über Ausstellungen. Die Eintrittspreise liegen in erschwinglichen Höhen, legt man die Preise für »theme parks« als Maßstab zugrunde.

MUSEEN

Art Science Museum ▯▯ F 5

Ganz neu ist dieses Museum auf dem Gelände des Marina Bay Sands. Die Architektur, die an eine geöffnete Lotosblüte erinnert, soll Besuchern aus aller Welt ein Willkommen si-

gnalisieren. Wechselnde Ausstellungen zu historischen und zeitgenössischen Themen sollen die Besucher in ihren Bann ziehen.
Marina Bay • 1 Bayfront Ave., Marina Bay Sands • MRT: Marina Bay • www.marinabaysands.com • tgl. 10–19 Uhr • Eintritt je nach Ausstellung ab 13 S$, Kinder ab 9 S$

Asian Civilisations Museum ▯▯ E 4

Aufgabe des Museums ist es, der Entwicklung und Ausbreitung der asiatischen Kulturen nachzuspüren und die sich oft kreuzenden kulturellen Eigenarten zu entwirren. Im Zentrum steht dabei der Raum Singapur, der seit Langem Einwanderer aus der Region Südostasien, China, Indien und der islamischen Welt angezogen hat.

Unterschiedlichste Funde und Ausgrabungsstücke geben die Möglichkeit, beim etwa zweistündigen Rundgang Einblicke in diese faszinierenden Kulturen zu gewinnen. Ausgestellt sind Kunstgegenstände, Keramik, Kalligrafien, Textilien und Gegenstände aus religiösen und rituellen Zusammenhängen. Zahlreiche Wechselausstellungen ergänzen das umfassende Museum.
Raffles • 1 Empress Pl. • MRT: City Hall, Raffles Place • www.acm.org. sg • tgl. 10–19, Fr bis 21 Uhr • Eintritt frei, Führungen mehrmals tgl.

Baba House ▯▯ C 6

Das Haus, das nur im Rahmen einer Führung besucht werden kann, war das Wohnhaus einer führenden Peranakan-Familie. In Zusammenarbeit mit der Universität von Singapur wurde das Haus aufwendig restauriert und in den Originalzustand versetzt. Man bekommt hier besonders eindrucksvolle Einblicke in das Leben im alten Singapur geboten. Chinatown • 157 Neil Rd. • MRT: Outram Park • Tel. 62 27 57 31, Anmeldung erforderlich! • einstündige Führungen Mo 14, Di 18.30, Do 10, Sa 11 Uhr • Eintritt 10 S$, Kinder 5 S$

Battle Box 👫 📖 D 3

Im Zweiten Weltkrieg beherbergte der Canning Hill den Befehlsbunker der Engländer. Hier fiel am 15. Februar 1942 die Entscheidung, zu kapitulieren. Im Museum, das mit computergesteuerten Wachsfiguren und viel Technik ausgestattet ist, wird die Geschichte der letzten freien Tage Singapurs vor der japanischen Besetzung »lebendig«. Orchard Road • Fort Canning Park, 51 Canning Rise • MRT: Dhouby Ghaut, dann zu Fuß den Hügel hinauf • tgl. 10–18 Uhr • Eintritt 8 S$, Kinder 4 S$

Changi Prison Chapel and Museum ▶ Klappe vorne, f 3

Heute steht der Name »Changi« für den weltberühmten Flughafen, während des Zweiten Weltkriegs befand sich hier das Internierungslager für die Kriegsgefangenen der Japaner. Zu Ehren der Gepeinigten und Getöteten dieser Zeit wurde das Museum errichtet, in dem Zeichnungen, Fotografien und Dioramen das Leben im Lager zeigen.

Ein Ausstellungsstück ist beispielsweise ein Schwellennagel der berüchtigten **Burma-Eisenbahn**, für deren Bau Tausende von Menschen ihr Leben ließen (Grundlage für den berühmten Film »Die Brücke am Kwai«). Im Mittelpunkt steht die kleine Kapelle, die originalgetreu dem von den Gefangenen errichteten Vorbild nachgebildet wurde.

Nehmen Sie sich etwa 2 Std. Zeit für die Besichtigung der Anlage. Changi • 1000 Upper Changi Rd. North • MRT: Tanah Merah, dann SBS-Bus 2 • www.changimuseum. com • tgl. 9.30–16.30 Uhr • Gottesdienst So 17.30 Uhr • Eintritt frei

Chinatown Heritage Centre 📖 D 5

Chinatown hat mittlerweile sein Gesicht gewandelt, so sehr, dass man bemüht ist, das alte Chinatown immer mehr zu bewahren. Für das Chinatown Heritage Centre wurde ein großer Block restauriert und mit vielen gestifteten Ausstellungsstücken zu einem eindrucksvollen Museum umgebaut. Schwerpunkt der Ausstellung ist die Lebenssituation der Kulis. Chinatown • 48 Pagoda St. • MRT: Chinatown • www.chinatownheritage centre.sg • tgl. 9–20 Uhr • stdl. Führungen • Eintritt 12 S$, Kinder 6 S$

MINT Museum of Toys 👫 📖 E 3

Die ganze Welt des Spielzeugs ist in diesem modernen Museum zu sehen. Neben Blechfiguren, Teddybären und Puppen gibt es auch Comics und regionales Spielzeug aus Asien. Orchard Road • 26 Sheah St. • MRT: City Hall • www.emint.com • Tel. 63 39 06 60 • tgl. 9.30–18.30 Uhr • Eintritt 15 S$, Kinder 7,50 S$

National Museum of Singapore 👫 📖 D 3

Ursprünglich war das National Museum als **Raffles Museum** bekannt, nachdem es 1887 seine Pforten öffnete. Das Gebäude allein ist schon ein architektonisches Glanzstück. Auf verschiedenen Ebenen sind zahlreiche Dokumente und Exponate zur historischen Entwicklung Chinas und Südostasiens ausgestellt. Porzellan, Schmuck, Möbel und Stickereien demonstrieren das Leben der reichen Straits-Chinesen und dessen Wandel im Laufe der Jahrzehnte. Besondere Beachtung verdient der Ausstellungsraum mit 20 Dioramen, die die Entwicklung Singapurs vom Fischerdorf zur Weltmetropole dreidimensional darstellen. Audiovisuelle Vorführungen ergänzen den großen Informationsgehalt der Exponate.

Orchard Road • 93 Stamford Rd. • MRT: Dhoby Ghaut • www.national museum.sg • History Gallery tgl. 10–18, Living Gallery tgl. 10–20 Uhr • Eintritt 6 S$, Kinder 3 S$

Nei Xue Tang – A Buddhist Art Museum   D 6

In einem unscheinbaren Wohnhaus ist dieses Museum untergebracht. Buddhafiguren aus der gesamten Region sind hier zusammengetragen worden. Die unterschiedlich großen Figuren sind aus den verschiedensten Materialien hergestellt. Das Personal ist sehr hilfsbereit und weiß zu vielen der eindrucksvollen Figuren auch eine individuelle Geschichte zu erzählen.

Chinatown • 235 Cantonment Rd. • MRT: Outram Park • www.neixuetang. org • tgl. 10–17 Uhr • Eintritt 5 S$, Kinder 3 S$

Peranakan Museum   D 4

1912 wurde das Gebäude als Tao Nan Chinese School errichtet, mittlerweile gehört es zum National Heritage Board und beherbergt jenen Teil des Asian Civilisations Museum, der sich mit den Peranakan beschäftigt. Schon im 14. Jh. siedelten chinesische und indische Händler an den Küsten Malayas und Sumatras. Hier kam es zu einer Durchmischung mit

Mit Fotografien, Möbeln, Schmuck und anderen Exponaten dokumentiert das National Museum of Singapore (▶ S. 84) die Entwicklung Chinas und Südostasiens.

der einheimischen malaiischen Bevölkerung. Diese »Mischlinge« wurden als Peranakan (vom Malaiischen »hier geboren«) bezeichnet, wobei Jungen »Baba« hießen, Mädchen hingegen »Nyonya«. In der Folgezeit zog es diese Menschen auch immer stärker zu den aufstrebenden Zentren Penang und Singapur, wo sie massiv die Entwicklung beeinflussten. Dieser Einfluss ist bis heute im Stadtstaat spürbar, sodass es das Hauptanliegen des Museums ist, ihn aufrechtzuerhalten und für nachfolgende Generationen erlebbar zu machen. Zahlreiche Ausstellungsstücke zeigen das (tägliche) Leben und Wirken dieser »Hybrid-Kultur« (wie man sie im Museum nennt).

Raffles • 39 Armenian St. • MRT: City Hall oder Bras Basah • www. peranakanmuseum.org.sg • Mo–Do 10–19, Fr 10–21 Uhr • Eintritt 6 S$, Kinder 3 S$

Red Dot Design Museum   D 5

Im roten Backsteingebäude stehen alle Exponate unter dem Stichwort »Design«, gleichgültig, aus welchem Teil der Welt und aus welchem Lebensbereich sie stammen. So findet man hier neben Haushaltswaren auch Sitzmöbel und Fahrzeuge.

Chinatown • 28 Maxwell Rd. • MRT: Tanjong Pagar • www.museum.red-dot.sg • Tel. 63 27 80 27 • Mo, Di, Fr 11–18, Sa, So bis 20 Uhr • Eintritt 8 S$, Kinder 4 S$

Singapore Art Museum   E 3

1996 eröffnete das Kunstmuseum im komplett renovierten Gebäude der ehemaligen St. Joseph's Institution, einer früheren katholischen Jungenschule. In dem altehrwürdigen Gebäude finden nun neben einer ständigen Ausstellung von bis zu 3000 Exponaten wechselnde themenbezogene Ausstellungen statt, der Schwerpunkt liegt bei regionaler Kunst des 20. Jh. Neben den insgesamt 13 Sälen gibt es eine Bibliothek, ein Café sowie zwei kleine Gartenanlagen mit Springbrunnen, exotischen Ziergewächsen und herrlichem Blick auf die historische Architektur. Ein Museumsshop darf natürlich nicht fehlen.

Orchard Road • 71 Bras Basah Rd., Ecke Queen St. • MRT: City Hall, Dhoby Ghaut • www.singaporeart museum.sg • tgl. 10–19, Fr bis 21 Uhr • Eintritt 10 S$, Kinder 5 S$ (Fr ab 18 Uhr freier Eintritt)

Singapore City Gallery   D 5

In sehr anschaulicher Art, mit großen Modellen und Multivisionsshows, vermittelt man hier dem Besucher einen lebendigen Eindruck von Singapurs Vergangenheit und seiner geplanten Zukunft. Wesentlicher Aspekte sind dabei seit Jahren auch stets die Themen Nachhaltigkeit und Umweltschutz. Daneben werden Bauprojekte gezeigt, die für die Zukunft geplant sind, alte Substanz aber erhalten sollen.

Chinatown • 45 Maxwell Rd. • MRT: Tanjong Pagar • Tel. 63 21 83 21 • www.singaporecitygallery.sg • Mo–Sa 9–17 Uhr • Eintritt frei

Singapore Coins & Notes Museum   ▶ Klappe vorne, b 3

Das Goldmünzenmuseum weiht seine Besucher in die Geheimnisse der Münz- und Medaillenherstellung ein. Eine Sammlung zeigt zudem Stücke aus aller Welt. Und falls Sie noch ein Souvenir suchen, zu dem

Moderne Kunst hinter altehrwürdigen Mauern: Im Singapore Art Museum (▶ S. 86) wird in 13 Sälen regionale Kunst des 20. Jh. gezeigt.

Sie etwas erzählen können: Hier können Sie Ihre eigene Münze prägen! Westlich der City • 20 Teban Gardens Crescent • MRT: Jurong East • www. singaporecoinsandnotesmuseum. com • tgl. 10–20 Uhr • Eintritt 10 S$, Kinder 6 S$

Singapore Discovery
Centre 👫👦   ▶ Klappe vorne, a 3
Herzstück des Museums ist eine 9 m hohe Kartencollage aus über 2500 Fotos, die Singapurs Einwohner in (fast) allen Lebenslagen zeigen. Zahlreiche computergestützte Simulatoren laden zum Spielen ein. Zum Museum gehört auch das Army Museum, in dem man bei Bedarf Schießübungen durchführen kann. Im Westen der Insel • 510 Upper Jurong Rd. • MRT: Joon Koch und dann 10 Min. Fußweg • www.sdc.com.sg • Di–So 9–18 Uhr • Eintritt 10 S$, Kinder 6 S$, Aufpreis für das Army Museum

Singapore Philatelic
Museum   📖 D 4
Frisch renoviert erstrahlt die Fassade des Gebäudes, das um die Wende zum 20. Jh. errichtet wurde. Im Inneren führen die Vitrinen der Ausstellung durch die Welt der seltenen und kostbaren Briefmarken aller Erdteile. Postwertzeichen aus über 180 Ländern sind hier vertreten. Neben der Ausstellung und Informationen zum Sammeln wird konkretes Hintergrundwissen zur künstlerischen Gestaltung der Marken und der jeweiligen Kultur vermittelt. Der normale, etwa einstündige Besuch kann durch die Teilnahme an Multimediaangeboten und Computerlernprogrammen und -spielen um etliche Stunden verlängert werden. Raffles • 23B Coleman St. • MRT: City Hall • www.nhb.gov.sg • Di–So 9.30–19, Mo 13–19 Uhr • Eintritt 6 S$, Kinder 4 S$

Singapore Science Centre 👤👶   ▸ Klappe vorne, b 3

Mit mehr als 850 interaktiven Ausstellungsobjekten werden angehenden Wissenschaftlern, Tüftlern und Wissbegierigen die Wunder und Schönheiten der Wissenschaft vor Augen geführt. Im **Kinetic Garden**, Asiens erstem Wissenschaftsgarten unter freiem Himmel, vereinen sich hingegen Kunst und Wissenschaft: 35 interaktive Skulpturen, Exponate und Ansichtstafeln gilt es zu entdecken, und das in einer reizvollen Parkanlage mit Teichen, Fontänen und Wasserfällen.

Im Singapore Science Centre (▸ S. 88) wird technisches Wissen auf spielerische Weise vermittelt.

Eine weitere Attraktion, die man nicht versäumen sollte, ist das **Omni Theatre** (www.omnitheatre.com.sg). Auf einer gigantischen halbrunden Leinwand mit 23 m Durchmesser und modernem Soundsystem werden Filme gezeigt, die nicht nur informativ sind, sondern auch für unvergleichlichen Nervenkitzel sorgen. Westlich der City • 15 Science Centre Rd. • MRT: Jurong East, dann SBS-Bus 335 • www.science.edu.sg • Di–So 10–18 Uhr • Eintritt 12 S$, Kinder 8 S$, Zusatzeintritt für das Omni Theatre (günstiger mit Kombiticket)

GALERIEN

In Singapur wird der Kunst immer mehr Raum gegeben. Zunehmend entstehen Galerien, die sich sowohl der modernen wie auch der traditionellen Kunst widmen und diese Kunstrichtungen auch verkaufen.

Art Retreat   ▸ Klappe vorne, e 3

In dieser privaten Galerie widmet sich eine Dauerausstellung den Werken des bekannten zeitgenössischen Malers Wu Guanzhong (1919–2010) aus China. Ostküste • #01-45/47 Ubi Techpark, Lobby C, 10 Ubi Crescent • MRT: Macpherson und dann SBS 63, Paya Lebar • www.artretreatmuseum.com

Asia Ancient   📚 B 2

Hier findet man viele antike Stücke aus allen Teilen Asiens sowie zahlreiche Nachbildungen antiker Kostbarkeiten. Orchard Road • Tanglin Shopping Centre, 19 Tanglin Rd. • Mo–Sa 11–18 Uhr

Opera Gallery   📚 B 3

Ständig wechselnde Ausstellungen bekannter und unbekannter Künstler machen den Besuch dieser Galerie lohnenswert. Orchard Road • 2 Orchard Turn • #03-05 ION Orchard • MRT: Orchard • www.operagallery.com

Erlesene

Auf den Spuren berühmter
Persönlichkeiten

Ziele

MERIAN

Die Lust am Reisen

Chinatown (▶ S. 98) ist bekannt für sein reges Treiben auf offener Straße: ein bunter Mix aus Garküchen, Verkaufsständen und fernöstlicher Lebensart – besonders zum chinesischen Neujahrsfest.

Spaziergänge und Ausflüge

Spaziergänge bieten Einblicke in die unterschiedlichen Kulturen Singapurs. Ebenso möglich sind Ausflüge nach Malaysia und Indonesien.

Rund um die Arab Street – Das muslimische Erbe der Millionenstadt

Charakteristik: Unterwegs auf den Spuren der ersten Einwanderer **Dauer:** etwa 3 Std. **Länge:** ca. 1,6 km **Einkehrtipp:** Zam Zam (▶ S. 32), Little India, 697 North Bridge Rd., Tel. 62 98 63 20 €

 E/F 3

Singapurs Vergangenheit gründet sich nicht nur auf chinesische Einwanderer. Rund um die Arab Street lernt man das muslimische Erbe der Stadt kennen.

Obwohl der Name »Arab Street« streng genommen nur eine einzelne Straße bezeichnet, ist damit doch eigentlich das Viertel zwischen Rochor Road, Victoria Street, Beach Road und Jalan Sultan gemeint. Hier leben überwiegend Malaien, Araber und muslimische Inder. Statt der Pagoden in anderen Stadtteile befinden sich hier Moscheen und Minarette, Frauen tragen Schleier oder zumindest Kopftücher, Männer zum Zeichen der Pilgerfahrt nach Mekka die traditionelle Kopfbedeckung. Aus kleinen »kedai kopis« (Kaffeehäusern) dringt der Geruch von frisch geröstetem Kaffee.

 FotoTipp

»ROTI PRATA«

Schauen Sie den geschickten Köchen bei der Zubereitung der dünnen Brotfladen zu. Fotografieren Sie dann eine Bildfolge mit kurzer Belichtungszeit, denn das Schwenken des Teiges geht rasend schnell. Aber vorher den Koch um Erlaubnis fragen, oder – noch besser – kaufen Sie ihm etwas ab! ▶ S. 92

Victoria Street ▶ North Bridge Road

Besuchen Sie das Viertel möglichst am Morgen, denn dann wird hier am meisten gehandelt, ent- und beladen, geschwatzt und geschwitzt. Idealer Ausgangspunkt für den Spaziergang ist die MRT-Station **Bugis** an der Victoria Street. Hier befindet sich das beliebte, frisch renovierte Vergnügungsviertel Bugis Street.

Folgen Sie der Victoria Street stadtauswärts bis zur Ophir Road. Hier biegen Sie rechts ab. An der nächsten Kreuzung biegen Sie links in die North Bridge Road ein.

North Bridge Road ▶ Arab Street

Von der North Bridge Road geht es nach Norden. Zunächst überqueren Sie die Arab Street, verlassen sie aber noch nicht, denn nur wenige Meter weiter stehen die berühmten »Roti-Prata«-Restaurants. Hier bekommen Sie diesen fladenartigen Brotteig, gefüllt als »murtabak«, das ideale zweite Frühstück (sehr fein im Restaurant **Zam Zam**).

Gegenüber steht die **Sultan Mosque** mit ihrer goldglänzenden Kuppel. Die Moschee wurde hier 1928 auf den Grundmauern einer 1820 erbauten Moschee errichtet. Das Gotteshaus steht Besuchern offen, achten Sie aber auf angemessene Kleidung (keine Shorts, Miniröcke, weit ausgeschnittene Blusen oder schulterfreie Hemden, Schuhe ausziehen!).

Überall hat man hier ehemalige »Shophouses« renoviert, die in neuem Glanz erstrahlen.

Ein paar Schritte zurück, und Sie stehen an der Arab Street. Unter den Arkaden entlang der Straße befinden sich zahllose Geschäfte, in denen man Batikstoffe, Sarongs, Körbe, Strohhüte, Tropenhelme und jede Menge Schnickschnack kaufen kann. Einige Händler verkaufen Vorhänge und Teppiche, und viele Geschäfte bieten Traditionelles für die Pilgerreise (»hajj«) nach Mekka.

Arab Street ▸ Clyde Street

In der Parallelstraße zur Arab Street arbeiteten früher die Pilger, um sich die Überfahrt nach Jeddah zu verdienen. Sie erhielt folgerichtig den Namen Haji Lane. Folgen Sie der Bussorah Street in Richtung Moschee. Zum Ende des Ramadan verkaufen abends »hawker« hier die erlaubten Speisen.

Biegen Sie in die Muscat Street rechts ein und dann gleich wieder in die Kandahar Street. Wollen Sie Gewürze kaufen, lohnt ein Blick in die Geschäfte neben der Moschee.

Die Kandahar Street führt zur Baghdad Street zurück, der Sie weiter nach links folgen. Nur wenige Schritte sind es bis zur Sultan Gate, die links zur **Istana Kampong Glam** führt, einem immer noch elegant wirkenden Haus aus dem Jahre 1840, dem Sitz des Sultans Hussein Mohammed Shah of Singapore.

Kehren Sie zur Beach Road zurück. Nun haben Sie die Wahl, entweder noch einige Meter in nördlicher Richtung zu gehen oder zur City zurückzukehren. Nördlich befindet sich die **Hajjah Fatimah Mosque** (»hajjah« ist der Name für weibliche Mekka-Pilger), die von einer Malaiin

aus Malacca errichtet wurde, nachdem sie zu großem Wohlstand gekommen war. Hinter der Moschee befindet sich ihr Grabstein. An der Ecke Clyde Street steht ein kleiner Tempel. Weht darüber eine schwarze Flagge, steht ein Medium bereit, Interessierten und Zahlungswilligen Schicksal und Zukunft zu erläutern.

Die vergoldete Kuppel der Sultan Mosque (▸ S. 92) zieht die Blicke auf sich.

Zurück zur City geht es nun zu Fuß. Sie erreichen das Raffles Hotel in etwa einer Viertelstunde oder mit der MRT ab der Station Bugis. Am **Raffles Hotel** ⭐ lohnt für Kulturinteressierte noch der Blick in die Galerie **Artfolio**, wo man vornehmlich Kunstwerke zeitgenössischer asiatischer Künstler findet. In der **Plum Blossoms Gallery** gibt es auch eine sehr hübsche Kollektion früher chinesischer Textilien und Keramik sowie antike tibetische Teppiche und Objekte aus Silber.

Little India – Der Duft von Gewürzen, Räucherstäbchen und Orchideen

Charakteristik: Man spaziert zu Hindutempeln, schlendert durch Geschäfte und begegnet Menschen in traditioneller Kleidung **Dauer:** 3 Std. **Länge:** ca. 2,6 km
Einkehrtipps: Im Komala Vilas (▸ S. 31), 76–78 Serangoon Rd., Tel. 62 93 69 80 €€, bekommt man Gerichte oft auf einem Bananenblatt serviert. Angenehm ist auch die Einkehr im Restaurant Banana Leaf Apolo (▸ S. 30), 54 Race Course Rd., Tel. 62 93 86 82 €€€, oder in einem der vielen kleinen Restaurants in der Cuff Road oder Upper Dickson Road.

   E 1/2

Die fleißigen Inder waren bereits während der Kolonialzeit gern gesehene Arbeiter. Sie ließen sich in einem eigenen Viertel nieder, dem Little India.

Seit Beginn der 1920er-Jahre siedelte sich zwischen der Bukit Timah Road und der Lavender Street die indische Bevölkerung an, Menschen, die überwiegend als billige Arbeitskräfte vom Subkontinent hierhergeholt wurden. Zentrum des Viertels ist die **Serangoon Road** mit ihren zahlreichen Seitenstraßen. Überall riecht es nach indischen Gewürzen und Räucherstäbchen; Orchideen und andere Blüten werden kunstvoll zu Tempelgaben geflochten; kleine und größere Restaurants locken mit Fladenbroten und Currys.

Das Straßenbild wirkt hier bunter als anderswo auf Singapurs Straßen. So authentisch erlebt man Asien nur in wenigen Bereichen des Central Business District. Kisten und Kästen, Säcke und Tische versperren oft den Weg unter den Arkaden. Hier fahren noch Händler mit dem Fahrrad ihre Waren aus. Indische Schriftzeichen zieren die Werbeschilder von Geschäften und Restaurants, für Europäer meist nur anmutig gestaltet, aber wenig informativ. Viele Männer tragen noch den traditionellen Sarong statt einer Hose, Frauen oft bunt verzierte Saris, viel goldenen Schmuck und oft das Kastenzeichen in Form eines Punktes auf der Stirn.

Bukit Timah Road ▸ Serangoon Road
Beginnen Sie Ihren Spaziergang am **Tekka Centre** (▸ MERIAN Tipp, S. 15) an der Bukit Timah Road. Unten eine Art Markthalle, entpuppt sich das Gebäude in der oberen Etage als Parfümerie, Schmuck- und Elektronikkaufhaus. In den Schmuckgeschäften finden Sie Silberschmuck und kleine Speere, die zum **Thaipusam-Fest** (▸ MERIAN Tipp, S. 17) benutzt werden, um Lippen und Wangen zu durchbohren. Viele dieser Waren werden heute von Chinesen hergestellt.

Folgen Sie der Serangoon Road nach Norden. Die Seitenstraßen tragen häufig Namen bedeutender Kolonialherren. So ist etwa die Clive Street, die parallel zur Serangoon Road verläuft, nach Robert Clive benannt, dem Baron von Plassey, der 1757 die britische Oberhoheit in Indien begründete. In dieser Straße sollten Sie sich etwas Zeit lassen, um die Gewürzläden zu durchstöbern.

Authentisch indisch: In der Serangoon Road (▸ S. 94) in Little India werden Saris ebenso feilgeboten wie Räucherstäbchen, Fladenbrote und Gewürze.

Folgen Sie nun wieder der Serangoon Road nach Norden. Saris und Gewürze, Kassetten und Parfüms markieren den Weg zum **Sri Veerama Kaliamman Temple** (141 Serangoon Rd.), den bengalische Arbeiter 1860 nach fünfjähriger Bauzeit fertigstellten. Geweiht der Göttin Kali, beherbergt er auch Statuen von Ganesh, dem Elefantengott der Weisheit, und Murugah, dem Sieger über das Böse. Noch weiter nördlich steht der **Sri Srinivasa Perumal Temple**, ein nationales Monument, das Vishnu geweiht ist. Die Perumal Road führt Sie zur Race Course Road, in der sich der **Temple of 1000 Lights** befindet. Eigentlich heißt der buddhistische Tempel **Sakaya Muni Buddha Gaya**, bekam aber wegen seiner vielen Glühbirnen, die die etwa 15 m hohe Buddhastatue beleuchten, seinen neuen Namen. In südlicher Richtung der Race Course Road folgend, errei-

chen Sie bald einige gute Restaurants, z. B. das **Banana Leaf Apolo**.

Kehren Sie anschließend über die Buffalo Road zur Serangoon Road zurück, die Sie in Höhe der Dunlop Street überqueren. Sie führt Sie zur **Abdul Ghaffoor Mosque**. Im Inneren des Gotteshauses treffen Sie auf Figuren aus der Bibel, die hier mit ihren arabischen Namen dargestellt sind, ein echtes Bindeglied zwischen Islam und Christentum.

Upper Weld Road ▸ Upper Dickson Road

Über die Upper Weld Road kehren Sie in Richtung Serangoon Road zurück. Wie wäre es nun mit einem köstlichen, pikanten »fish head curry« in einem der kleinen Restaurants an der Ecke Cuff Road oder etwas weiter in der Upper Dickson Road, wo im Restaurant **Komala Vilas** vegetarische Gerichte aufgetischt werden?

Colonial District – Singapurs facetten-reiche Geschichte im Schnelldurchgang

Charakteristik: Am River befinden sich einige der architektonischen Schätze des alten Singapur, in den Museen findet man viel Informatives. **Dauer:** 2–3 Std. **Länge:** ca. 2,5 km **Einkehrtipp:** Gutes Essen und tolle Drinks bekommt man in der angesagten Harry's Bar am Esplanade, #01-05/05 Esplanade-Mall, Tel. 63 34 01 32, www.harrys.com.sg €€

E 4/5

Raffles City ▸ Padang

Beginnen Sie Ihren Rundgang am Nachmittag. Idealer Ausgangspunkt ist die MRT-Station City Hall bzw. das benachbarte Gebäude des **Raffles City Complex**, dessen Türme gen Himmel ragen; vom Restaurant im 70. Stock des Hotelkomplexes haben Sie hervorragende Sicht über die Stadt. Fast geduckt erscheint gegen diese Hochhäuser das koloniale **Raffles Hotel** ⭐, das direkt gegenüber an der Beach Road steht. »Grand Old Lady« wird das Gebäude ehrfurchtsvoll genannt, steht es doch für den einstigen kolonialen Prunk der Stadt. Der Haupteingang an der Beach Road ist immer noch der beliebteste Fotospot Singapurs.

Sie gehen nun allerdings zurück zum Raffles-City-Komplex und folgen der St. Andrew's Road. Rechts steht die **St. Andrew's Cathedral**, deren weiße Fassade mit dem prunkvollen Kirchturm zwar durchaus eindrucksvoll, gegen die Hochhausgiganten im Hintergrund jedoch etwas deplatziert wirkt. Dies ist eben Singapur! Wenige Schritte weiter befindet sich die **City Hall**, das Gebäude, in dem Admiral Lord Louis Mountbatten am 12. September 1945 die japanische Kapitulation durch General Itagaki entgegennahm. Das benachbarte Gebäude des Obersten Gerichtshofes (**Supreme Court**) stammt aus dem Jahr 1939. Früher war der Gerichtshof im wenige Hundert Meter entfernten **Parliament House** untergebracht. Seit 1965 ist es Sitz des Parlaments. Im Garten des Gebäudes steht ein Bronze-Elefant, der der Stadt 1871 von König Chulalongkorn von Siam (heute Thailand) geschenkt wurde.

Links liegen der **Padang** und das Gebäude des **Singapore Cricket Club** (1907). Während der Kolonialzeit war der Padang Zentrum des sozialen Lebens der Europäer und diente für Sportveranstaltungen. Im Krieg nutzten die Japaner das Areal, um ihre Gefangenen aufmarschieren zu lassen. Man erzählt sich die Sage, im Krieg habe es geheißen, die Stadt würde nicht eher befreit, als bis auf dem Padang Schnee fiele. Und tatsächlich, angeblich soll in der Nacht vor dem Sieg ein Hagelschauer den Platz mit einer weißen Schicht bedeckt haben.

Esplanade ▸ Boat Quay

Jenseits des Connaught Drive gelangen Sie in den Esplanade Park. Hier ragen unübersehbar die »Insektenaugen« der großen Konzerthalle über dem River auf, dahinter die »chopsticks«, das Denkmal zu Ehren der im Krieg Gefallenen. Etwas weiter rechts liegt der **Marina Square** mit Hotels und Einkaufszentren. Der Elisabeth Walk führt am Wasser vorbei in Richtung Fluss. Links spuckt abends die weiße Skulptur des **Merlion**  Wasser ins Hafenbecken. Von hier aus hat man einen tollen Blick auf die drei Türme des Marina Bay Sands, das vom **SkyPark** (▸ MERIAN Tipp, S. 14) gekrönt wird, der in Form eines riesigen Schiffes auf den Türmen liegt. Besonders beeindruckend ist dies abends, wenn von den Türmen eine bunte Lasershow über den Riverbereich flimmert.

Unterqueren Sie die Fullerton Road. Auf der anderen Seite steht rechts das Empress Place Building, in dem nun wieder das **Asian Civilisations Museum** untergebracht ist. Schräg dahinter steht das altehrwürdige **Victoria Theatre**. Nur wenige Schritte trennen Sie nun von der Stelle, an der Stamford Raffles zum ersten Mal seinen Fuß auf den Boden Singapurs gesetzt haben soll. Eine weiße Statue erinnert daran.

Gehen Sie zurück bis zur Cavenagh Bridge. Die Brücke wurde 1869 in Schottland vorgefertigt, bevor sie hier den Fluss überbrücken konnte, nicht ohne den Protest der Bevölkerung hervorzurufen, die bisher den Fluss mit Booten überquert hatte und fürchtete, die Brücke mit beladenen Booten nicht mehr unterqueren zu können. Im historischen Gebäude (1928) des **General Post Office** wurde alles modernisiert, sodass die Fassade zwar geblieben ist, der Kern aber mittlerweile das luxuriöse Fullerton Hotel beherbergt.

Das tagsüber quirlige Bankenviertel schließt sich im Südwesten an. Ist man am späten Nachmittag oder Abend unterwegs, lohnt der Spaziergang am **Boat Quay**  mit seinen Restaurants, Bars und Jazzlokalen.

Glanz und Glorie des alten England demonstriert der Bau des Victoria Theatre (▸ S. 53, 97), in dem heute hochkarätige internationale Künstler auftreten.

Chinatown – Wo der Handelsplatz Singapur seinen Anfang nahm

Charakteristik: Ein Spaziergang in die Vergangenheit. Vieles hat sich seit der Zeit der ersten Händler verändert. Und doch spürt man hier noch immer das alte Singapur, nicht zuletzt wegen der vielen gelungenen Restaurierungen **Dauer:** 3 Std. **Länge:** ca. 3 km **Einkehrtipps:** Chinatown Point, an der New Bridge Road gelten die »hawker« in diesem Komplex als Tipp für gutes und preiswertes Gar-

küchen-Essen. Im Spring Court Restaurant, 52–56 Upper Cross St. €€, bekommt man traditionelle chinesische Küche.

D/E 4/5

Chinatowns Anfänge reichen bis in das Jahr 1819 zurück. Die Einwanderer aus China wuchsen zur größten Bevölkerungsgruppe der Stadt heran. Ein Besuch in diesem Viertel, das sich im Süden der Stadt zwischen South Bridge Road, Maxwell Road und Cecil Street befindet, wird zum Rundgang, der viele Sinne anregt. Buntes Treiben herrscht meist noch in Seitenstraßen, in Geschäften wird mit allerlei Waren des täglichen Lebens, aber auch mit Souvenir-Schnickschnack gehandelt, der Duft von Räucherstäbchen erfüllt die Luft in Tempeln, während besonderer Feste weht er auch durch ganze Straßenzüge.

Philip Street ▶ Cross Street

Tempel sind so charakteristisch für das Viertel, dass der Besuch am **Wak**

Der taoistische Thian Hock Keng Temple (▶ S. 99) in Chinatown ist Mazu, der Göttin des Meeres und Schutzpatronin der Seefahrer, geweiht.

Hai Cheng Bio Temple in der Philip Street beginnen sollte (zu erreichen über die Chulia Street, von der MRT-Station Raffles Place). Bemerkenswert in Singapur ist die Gestaltung der Dachziegel, die eine chinesische Stadt in Miniformat darstellen. Überqueren Sie nun die Church Street in Richtung Telok Ayer Street, einer echten Straße der Tempel. Nr. 76 ist der **Hakka Fuk Tak Ch'i Temple**, der 1820 erbaut und bereits fünf Jahre später um buddhistische und konfuzianische Elemente ergänzt wurde; mittlerweile gehört das ganze Areal zum sogenannten Far East Square, dessen Straßenzüge sogar teilweise überdacht wurden. Spieler kommen hierher, um den Gott des Reichtums um seine Gunst zu bitten. Dies wird besonders unterstrichen, indem man die Figur mit Opium (!) beschmiert. Achten Sie auf die schwarze Schmiere an der Figur! Mittlerweile ist der Tempel zu einem kleinen Museum (Eintritt frei) der Geschichte der Stadt geworden.

An der Ecke Boon Tat Street steht der **Nagore Durgha Temple**, 1830 von tamilischen Indern errichtet. Gleich daneben befindet sich der **Thian Hock Keng Temple**, der Ma Chor Por geweiht ist, der Göttin der Seeleute. Vor dem Eingang sitzen zwei Löwen, das Weibchen hat ein Jungtier. Im Maul des Löwen liegt eine Granitkugel, wenn man sie rollt, soll es Glück bringen. Der Kopf ist aus einem Stück gehauen, das heißt, die Kugel, die nicht herausnehmbar ist, musste im Maul selbst gefertigt werden. Interessanterweise zieren Delfter Porzellankacheln die Wände des Hofes. Noch etwas weiter die Straße entlang steht die **Al Abrar Mosque** von 1830. Der Rückweg zur Cross Street führt über die Amoy Street, in der früher die Lodging-Häuser für Seeleute standen.

Cross Street ▸ New Bridge Road

Sollten Sie hungrig sein, ohne sich aber schon genau für ein Gericht entscheiden zu können, dann sollten Sie an der Ecke Amoy Street/Boon Tat Street rechts abbiegen. Sonst gehen Sie links in die Cross Street und nehmen links die Club Street. In dieser Straße leben zahlreiche **Clans**, die die Figuren für die Tempel in Handarbeit anfertigen. Am Ende der Straße gelangen Sie zur Ann Siang Road, deren Bewohner hauptsächlich aus Hokkien kamen. Singvogelkäfige hängen über dem Gehweg, und die Wäsche trocknet, auf Bambusstäben aufgehängt, über der Straße – Singaporeaner sprechen von ihrer »inoffiziellen Nationalflagge«.

Im **Spring Court Restaurant** speist man im ältesten chinesischen Restaurant (seit 1929) der Stadt, bevor es weiter zum Ann Siang Hill geht, wo die Hersteller von Löwen und Drachen für die berühmten Tänze zum Neujahrsfest ihrer Arbeit nachgehen. Überqueren Sie dann die South Bridge Road. Die Seitenstraßen beherbergen unzählige Geschäfte, in denen allerlei modischer Schnickschnack zu bekommen ist. Wenn Sie weniger am Einkaufen interessiert sind, lohnt der Besuch des **Sri Mariamman Temple** an der South Bridge Road, Ecke Temple Street, und der **Jamae Mosque**, eine Straße weiter an der Pagoda Street. Folgen Sie dieser Straße anschließend nach Westen zur New Bridge Road, um auf der anderen Straßenseite den ältesten Einkaufskomplex der Stadt, den **People's Park Complex** aus den 1970er-Jahren, zu besuchen.

River Valley District – Abseits von Kommerz, Konsum und Glitzerwelt

Charakteristik: Nur wenige Schritte von der mondänen Welt des Kommerzes entfernt, führt dieser Spaziergang in ruhige Viertel mit viel Grün und historischem Charme **Dauer:** 1–2 Std. **Länge:** ca. 3 km **Einkehrtipp:** In der Cuppage Road mit

ihren zahlreichen Essständen findet fast jeder Besucher sein Leibgericht oder auch nur kühle Drinks.

Karte ▸ S. 101, ▌▌ C/D 3/4

Singapur ist gleich Shopping in der Orchard Road – so einfach lautet die Formel. Doch die echten Schätze warten nur wenige Gehminuten von den Konsumtempeln entfernt.

Orchard Road ▸ River Valley Road
Unweit der geschäftigen Orchard Road liegt dieser Bereich der Stadt, der leider oft aus dem Besuchsprogramm gestrichen wird. Beginnen Sie an der Orchard Road, Ecke Clemenceau Avenue. Hinter Ihnen befindet sich der Eingang zur **Istana** (malaiisch für »Palast«), der offiziellen Residenz des Präsidenten von Singapur, dessen Pforten nur fünfmal im Jahr für die Öffentlichkeit zugänglich sind. Folgen Sie der Clemenceau Avenue geradeaus. In der parallelen Tank Road steht eine katholische Kirche, die **Church of Sacred Heart**, deren Inneres scheinbar nach außen gekehrt wurde, weil Heiligenbilder an der Außenfassade zu sehen sind. Am Oxley Rise, nur wenige Meter entfernt, befindet sich die **Chesed El Synagogue** aus dem Jahre 1905. Blicken Sie von den Stufen der Synagoge aus zu den Bäumen der gegenüberliegenden Straßenseite. Wenn Sie eine Angsana-Blüte sehen, bedeutet das Glück. An der Tank Road steht der **Ngee Ann Kongsi**. Kongsi sind soge-

nannte »clan houses«, die ausgewanderten Chinesen in der Fremde ein Anlaufziel boten und bieten. Wer zu Wohlstand gekommen war, spendete Geld für ein solches Haus, um anderen Menschen aus seiner Region zu helfen. Das 1845 ursprünglich erbaute Ngee Ann Kongsi ist hier ein hübsches Beispiel für den Zusammenhalt der Menschen aus der Provinz Teochew. Angeschlossen sind Schulen und ein College. Hinter dem eindrucksvollen **Teochew Building** in der Tank Road stehen noch die alten Kapok-Bäume. Weiter die Straße entlang kommen Sie zum **Sri Thandayuthapani Temple**, auch **Chettiar's Temple** genannt. Gespendet wurde er von den »chettiars«, den indischen Geldverleihern. Besucher sind stets willkommen, um die eindrucksvollen hinduistischen Statuen und den tanzenden Gott Shiva zu bewundern.

Mohamed Sultan Road ▸ River Valley Road
Biegen Sie nach rechts in die River Valley Road ein. Hier stehen noch etliche ältere Gebäude, deren Front so schmal ist, dass gerade eine Tür und zwei Fenster hineinpassen. Grund für diese eigenwillige Bauweise war das Steuersystem früherer Zeiten, in denen nach der Breite der

Häuserfront gezahlt werden musste. Die Rundform der Dachziegel wurde dadurch erreicht, dass der Ton um das Knie des Ziegelherstellers herum geformt wurde. Nach etwa 100 m zweigt links die Mohamed Sultan Road ab mit dem **Hong San See Temple**, der 1829 von Einwanderern aus der chinesischen Provinz Fukien zunächst in der Tras Street erbaut wurde, dann aber 1907 an die jetzige Adresse verlegt wurde. Gewidmet ist das nationale Monument einer Gottheit, von der man sagt, sie habe sich selbst in die Sklaverei verkauft, um mit dem Geld das Grab der Eltern pflegen zu können.

Zurück zur River Valley Road gelangen Sie zum restaurierten Gebäude der Shanghai Lee & Co.-Gesellschaft, die Teak-Kommoden und Kästen in allen Stilrichtungen herstellt. Auch für Schmuck ist der Laden die richtige Adresse. Es gibt fertige Kollektionsstücke in allen Preisklassen sowie individuelle Modelle.

Oxley Road ▶ Cuppage Road

Biegen Sie nun in die Oxley Road ein und dann links in die Lloyd Road. Über die Killiney Road gelangen Sie dann wieder zurück zur belebten **Orchard Road** ⭐.

Nach wenigen Metern lohnt der Blick in die Dublin Road, in der noch einige Terrassenhäuser in altem chinesischem Stil zu sehen sind. Nehmen Sie sich unterwegs noch etwas Zeit, um dem Nudelhersteller in der Killiney Rd. 67 einen Besuch abzustatten. Auf der gegenüberliegenden Seite der Orchard Road beginnt die **Cuppage Road**. Zahllose Open-Air-Restaurants mit internationaler Speisekarte und »foodstalls« säumen die Straße. Neben dem Cuppage Centre befindet sich ein Haus, vor dessen Eingangstür eine große Teekanne, Teetassen und eine Schöpfkelle unübersehbar sind. Dies wird täglich erneuert, um einer freundlichen alten Dame zu gedenken, die hier wohnte.

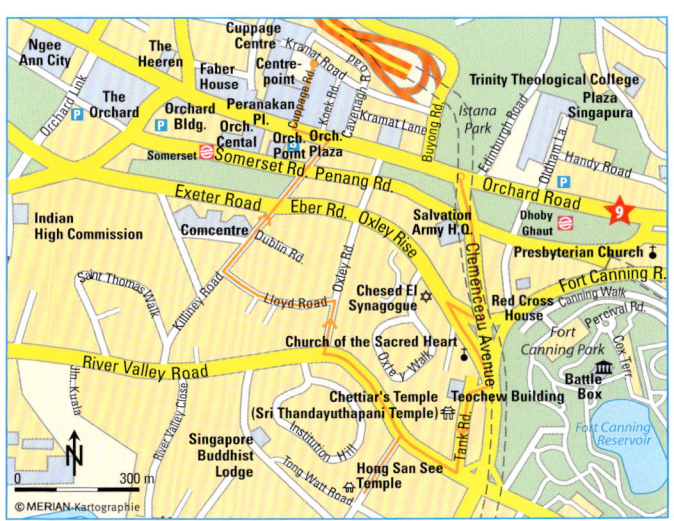

© MERIAN-Kartographie

AUSFLÜGE IN DIE UMGEBUNG

Singapurs Inseln

Charakteristik: Ein erholsamer Tagesausflug zu Singapurs vorgelagerten Inseln
Anfahrt: Vom Marina South Pier (MRT: Marina Bay, Exit A, dann weiter mit SBS 402) aus verkehren täglich mehrere Fähren zu den Inseln. Tickets kosten 18 S$, zu bestellen unter Tel. 62 71 48 66 **Dauer:** Tagesausflug **Einkehrtipp:** Eine kleine Cafeteria, Tel. 65 34 93 39 €, versorgt die Gäste auf St. John's Island mit dem Notwendigsten **Auskunft:** www.islandcruise.com.sg und www.nparks.gov.sg
Karte ▸ Klappe vorne, d 5

Raus aus der Stadt, aber doch nicht in die Nachbarländer? Kein Problem, zu Singapur gehören etliche Inseln, die besonders an Wochenenden Hunderte Besucher anlocken.

Einige Kilometer südlich vor der Küste Singapurs liegen die drei Inseln **Kusu** (Pulau Tembakul), **St. John's** (Pulau Sakijang Bendera) und **Lazarus Island** (Pulau Sakijang Pelepah). Besonders Kusu und St. John's sind einen Ausflug wert.

Kusu ist alljährlich Ziel einer Wallfahrt taoistischer und muslimischer Pilger, die den Göttern für die Entstehung der Insel danken. Der Sage nach soll an dieser Stelle des Meeres eine große, alte und gütige Schildkröte gelebt haben, die immer dann auftauchte, wenn ein Schiff in diesen Gewässern in Seenot geriet. Ihr riesiger Panzer diente den Schiffbrüchigen als Halt, um sicher ans rettende Ufer zu gelangen. Schließlich wurde die alte Schildkröte dieser Rettungsaktionen überdrüssig und verwandelte sich stattdessen in eine Insel – Kusu, deren buckliger Querschnitt entfernt an den Panzer einer Schildkröte erinnert.

Auf der Insel können Sie den taoistischen **Tua Pekong Temple** besichtigen, der das Ziel der Wallfahrt im neunten Monat des Mondkalenders (zwischen September und Anfang November) ist.

Ansonsten bietet die Insel ausgedehnte Strände, an denen Sie sich im Schatten von Kasuarinen und Kokospalmen von Hektik und Großstadtstress erholen können. Eine abgegrenzte Schwimmlagune ermöglicht ein ungefährliches Bad im Südchinesischen Meer. Vom Strand aus können Sie zudem die eindrucksvolle Skyline der City betrachten.

Benachbart liegt **St. John's Island**, eine Insel, die größer, hügeliger und im Inneren zum Teil noch bewaldet ist. Singaporeaner verbringen hier ihre freien Tage und Wochenenden mit Fußballspielen, Picknicks auf den weiten Grasflächen und Wanderungen auf schattigen Wegen. Erkunden Sie die Natur der Insel, erfreuen Sie sich an der bunten Vogel- und Insektenwelt, oder nutzen Sie den Besuch dieser Insel zum Bad in geschützten Lagunen.

Die bisherige Einsamkeit der Inseln wird in den nächsten Jahren vermutlich einer eher touristischen Entwicklung weichen müssen. Ehrgeizige Projekte sehen die Erschließung einiger Inseln mit Hotels vor, ihre Verbindung mit Brücken und die Gewinnung von weiteren Stränden, denn Singapur ist nicht mehr nur Stadtreiseziel oder Businesszentrum, sondern wandelt sein Image auch mehr und mehr zur Freizeit- und Badeoase. Allerdings gilt dies nicht für alle Inseln und auch nur für wenige Urlauber, denn man wünscht sich hier vor allem Ruhe und Erholung.

Johor Bahru/Malaysia

Charakteristik: Tagesausflug mit dem Pkw in den Nachbarstaat Malaysia **Anreise:** Mit Taxi oder Mietwagen direkt ab dem Hotel. Mit SBS-Bus ab der Busstation Queen Street, Ecke Arab Street. Entweder mit dem Linienbus 170 (2,20 S$), der an zahlreichen Haltestellen hält (man kann diesen Bus auch an der Bukit Timah Road, z. B. am Newton Circus oder an der Scotts Road, besteigen), oder mit dem klimatisierten, direkten Johor Express (4 S$) **Dauer:** Tagesausflug **Einkehrtipp:** Auf dem Nachtmarkt zwischen Jalan Steysen und Jalan Siu Chim gibt es authentisch malaiische Gerichte **Auskunft:** Büro des MTPB an der Grenze **Karte** ▶ S. 105, b 3

Nur wenige Hundert Meter von Singapur entfernt zeigt sich Asien von einer ganz anderen Seite. Johor Bahru, wegen seiner Nähe zum Stadtstaat oftmals auch als »Tor im Süden« Malaysias bezeichnet, ist nach Kuala Lumpur die zweitgrößte Stadt des Landes.

Die schneeweiße Sultan Abu Bakar Mosque (▶ S. 105) in der malaysischen Hafenstadt Johor Bahru ist eine der schönsten Moscheen des Landes.

Seit etwa 1865 ist Johor Bahru Sitz des Sultans von Johor, einem der Teilstaaten Malaysias. Schon Mitte des 16. Jh. wurde das Sultanat gegründet und reichte von Malacca bis nach Singapur. Heute versucht die Regierung, Johor Bahru zu einem Handels- und Wirtschaftszentrum auszubauen, um mit Singapur wetteifern zu können. Immer mehr Industrie und Handel siedelt sich an, die Stadt droht aus allen Nähten zu platzen.

Schon die Anreise ist ein Erlebnis, gilt es doch, Verschiedenes zu beachten. Wer mit dem Mietwagen Singapur verlässt, muss vor der Grenze sicherstellen, dass der Tank mindestens zu drei Vierteln gefüllt ist, sonst drohen 500 S$ Strafe, da der Staat vermeiden möchte, dass im preiswerteren Malaysia günstig getankt wird. Allerdings lohnt sich das Auto nur, wenn Sie wirklich weitere Strecken in Malaysia zurücklegen möchten, und auch dann sollten Sie Ihr Fahrzeug erst in **JB**, wie die Stadt allgemein genannt wird, übernehmen, da Sie in diesem Fall beim gleichen Unternehmen günstigere Tarife und zusätzlich den günstigeren Wechselkurs bekommen (die Differenz beläuft sich pro Tag leicht über 25 €). Die übliche Anreise erfolgt mit dem Linienbus. An der Grenze verlassen alle Passagiere das Fahrzeug, hasten zum klimatisierten Immigrationsposten, bekommen den Ausreisestempel für Singapur und warten auf den nächsten Bus. Über den 1056 m langen **Causeway**, den 1924 fertiggestellten Damm zwischen diesen beiden Staaten, der immerhin 21 m breit und mehrspurig befahrbar ist, geht es dann im dichten Verkehr in Richtung malaysischer Grenze. Busse haben zwar eine Sonderspur, kommen aber besonders zur Rushhour oder an Wochenenden auch nur schwer vorwärts. Bei extrem dichtem Verkehr lässt Sie der Fahrer aber sicherlich eher aussteigen, weiter geht's dann zu Fuß. An der Grenze muss manchmal eine Einreisekarte ausgefüllt werden (schneller geht es, wenn Sie sich schon in Ihrem Hotel eine Immigration Card besorgen), dann gibt es den Einreisestempel in einer neuen, modernen Halle, es geht vorbei am Zoll und weiter zur Bushaltestelle. Lassen Sie sich nicht von den Geldwechslern zum Tausch überreden, direkt an der Grenze gibt es nur schlechte Kurse!

Der Bus bringt Sie bis zum zentralen Busbahnhof. Hier beginnen Sie Ihren Rundgang. Unterhalb des Busbahnhofs finden Sie einige »Money Changer« mit günstigen Wechselkursen. Rechts von Ihnen steht mit seinem viereckigen Turm alles überragend das **Bangunan Sultan Ibrahim**, in dessen gewaltigen Mauern heute Regierungsbüros untergebracht sind. Einkaufen oder etwas essen und trinken können Sie auf der gegenüberliegenden Straßenseite im klimatisierten **Kotaraya Complex**. Dieses Gebäude ähnelt allerdings innen wie außen sehr den Einkaufskomplexen Singapurs.

Die Jalan Abdullah Ibrahim führt in südlicher Richtung zum Meer. Immer mit Blick auf Singapur folgen Sie dem Park am Meer stadtauswärts. Nach einigen Hundert Metern steht in der Jalan Tun Dr. Ismail rechts auf dem Hügel die **Istana Besar**, der alte Sultanspalast aus dem Jahre 1866. Sultan Abu Bakar (unverkennbar inspiriert von viktorianischen Einflüssen) ließ hier Juwelen, Kunstwerke und Trophäen unterbringen.

Die eindrucksvolle Sammlung ist im Sultan-Abu-Bakar-Museum im Palast zu besichtigen. Sehr interessant ist die Kris-Sammlung; Krise sind jene typisch malaiischen Dolche, die mit kunstvoll verzierter und wellenförmiger Klinge zur traditionellen Bekleidung gehörten (tgl. außer Fr 9–17 Uhr, Eintritt 15 M$).

Unweit des Sultanspalasts steht die 1900 fertiggestellte **Sultan Abu Bakar Mosque**, die Platz für 2000 Gläubige bietet und zu den schönsten Moscheen des Landes zählt.

Sehr hübsch fügt sich das **Thistle Hotel** (Jln. Sungai Chat, Tel. 00 60/72 22 92 34, www.thistle.com, 380 Zimmer €€) in die Region gegenüber Singapur ein, das dem singaporeanischen Naturschutzgebiet Sungai Bu-

loh direkt gegenüberliegt. Schräg hinter dem Hotel finden Sie das Jaro Handicraft Centre, in dem Kunsthandwerk Behinderter verkauft wird. Kunstgewerbe gibt es auch im Craftown Centre auf dem Bukit Serene außerhalb der Stadt, das nur mit dem Taxi zu erreichen ist.

Zurück in der Stadt begeben Sie sich zur Jalan Wong Ah Fook. Vorbei an einem indischen Tempel führt diese belebte Straße zum Markt, der »pasar« heißt. An Wochenenden herrscht hier buntes, quirliges Treiben. Preiswert einkaufen können Sie auch im benachbarten **Tun Abdul Razak Complex**, bevor es über den Causeway zurück nach Singapur geht (die Formalitäten entsprechen denen bei der Ankunft).

© MERIAN-Kartographie

Naturparadies Borneo/Malaysia 👫

Charakteristik: Tour mit Exotik, Abenteuer, Natur- und Dschungelerlebnissen
Dauer: 4 Tage **Übernachtung:** Eine ideale Adresse ist das Hotel Hilton Kuching.
Sie wohnen direkt am Fluss, und das Hotel arrangiert Transport und Ausflüge
(Jalan Tunku Abdul Rahman, Tel. 00 60/82/24 82 00, www.hilton.de €€€, Mindestaufenthalt 4 Tage) **Auskunft:** Sarawak Tourism Board, Jalan Masjid, Kuching,
Tel. 00 60/82/42 36 00, www.sarawaktourism.com

Exotik und Abenteuer verspricht
eine mehrtägige Tour in den vergleichsweise noch sehr wenig erschlossenen malaysischen Bundesstaat Sarawak, das »Land der
Nashornvögel«. Sarawak liegt im
Nordwesten der Insel Borneo und
grenzt an das Sultanat Brunei und an
Indonesien. Es bietet Dschungelerlebnisse, Begegnungen mit Orang-Utans, Nasenaffen und der Rafflesia,
der größten Blütenpflanze der Erde.
Zudem locken abenteuerliche Touren auf den Flüssen des Landes, die
bis weit in das Hinterland führen.
Perfekt ist es, die Tour in **Kuching**,
der Hauptstadt Sarawaks, zu beginnen. Koloniales Flair konnte sich
hier über den Krieg und die Modernisierung retten, sodass ein Spaziergang am Fluss und auf dem anschließenden »heritage trail« ein
echtes Erlebnis wird. **Brooke Memorial** und das **Court House** (1871)
lassen eindrucksvoll das Flair der
Ära der englischstämmigen Familie
Brooke wiederaufleben, die als
»weiße Rajahs« in die Geschichte
eingegangen sind.
Soll es mehr Natur sein, empfiehlt
sich ein Besuch im **Bako National
Park** oder im **Semenggoh Wildlife
Centre** vor den Toren Kuchings, wo
man sich um verletzte oder verwaiste
Orang-Utans kümmert. Die Rafflesia blühen zu sehen ist ein Glücksfall

und gelingt am besten im **Gunung
Gading National Park**, der ebenfalls
im Rahmen einer Tagestour von
Kuching aus erreichbar ist.
Abenteuerlicher ist der Trip in andere Nationalparks. Ein Muss ist jedoch ein Besuch am Stausee **Batang
Ai**, der etwa vier Autostunden von
Kuching entfernt an der Grenze zu
Indonesien liegt. Von hier aus können Sie Touren zum **Batang Ai National Park** unternehmen oder nahe
des Sees faszinierendes »wildlife« erleben. An den Zuflüssen befinden
sich etliche Langhäuser der Dayak
(einige Dayak-Völker waren einst als
Kopfjäger gefürchtet), die besichtigt
werden können.
Alle diese Attraktionen innerhalb
weniger Tage zu besuchen und dann
auch noch immer die besten Informationen zu bekommen ist auf eige
Faust recht schwierig. Perfekte Organisation der Tour und hervorragende Kenntnisse zu Natur und
Kultur bekommt man z. B. bei **Planet Borneo**.
Waghalsige Bootsfahrten durch
Stromschnellen und ein Bad im reißenden Fluss sind ebenfalls möglich.

INFORMATIONEN
Planet Borneo
Jalan Temenggong Datuk Oyong
Lawai, Miri • Tel. 00 60/85 41 43 00 •
www.planetborneotours.com

Bintan Island/Indonesien

Charakteristik: Mit Fähre und Katamaran zu den Traumstränden der indonesischen Insel Pulau Bintan **Anreise:** Tägliche Fährverbindungen (Mo–Fr 9.10–20, Sa, So 8.10–18 Uhr) zwischen dem Tanah Merah Ferry Terminal und Bandar Bentan Telani Ferry Terminal (Bintan). Den Fährhafen in Singapur erreichen Sie mit der MRT Tanah Merah und weiter mit dem Sonderbus. Die Gepäckgrenze beträgt 20 kg/Pers. Ein Hin-und-Rückfahrt-Ticket kostet ab 58 S$. Sie benötigen zur Ein- und Ausreise Ihren Reisepass **Dauer:** nach Belieben **Übernachtung:** Banyan Tree Bintan, deren Villen einen spektakulären Blick auf das Meer bieten, ist die schönste Anlage auf der Insel. Die Ausstattung gehört zur besten der Urlaubsinsel. Ein großer Pool, Spa und ein Golfplatz sind selbstverständlich. Tel. 00 62/7 70 69 31 11, 74 Villen €€€€; preiswerter ist das sehr schöne Nirwana Gardens, Tel. 00 62/7 70 69 25 05, www.nirwanagardens.com €€€ **Auskunft:** Bintan Resort Management Pte. Ltd., #04-08, 991 B Alexandra Rd., Tel. 00 65/63 89 35 35, www.bintan-resorts.com
Karte ▶ S. 105, südöstl. c 3

Shopping, Sightseeing, Essen und Trinken fordern ihren Tribut. Der Wunsch nach einem ruhigen Aufenthalt am Strand wird wach. Er kann – 45 Min. von der Metropole entfernt – aufs Beste erfüllt werden.

Mit dem Katamaran erreichen Sie die indonesische Insel Bintan (Pulau Bintan), die größte des **Riau-Archipels**. Ursprünglich waren die Inseln des Archipels nur von Fischern bewohnt, denen manchmal auch ein gewisser Hang zur Piraterie nachgesagt wurde, doch wer weiß schon Genaueres?

Seit einigen Jahren entwickelt sich hier der Tourismus, vornehmlich als Kurzreiseziel betuchter Malaien, Indonesier und Singaporeaner. Feine **Sandstrände**, kristallklares Wasser, üppiges tropisches Grün und selbstverständlich die Exotik Indonesiens locken zunehmend Europäer hierher. Lange fehlten gute Unterkünfte, doch auch die sind nun reichlich vorhanden, denn 23 000 ha im Nordosten der Insel wurden zum **Bintan Resort** erklärt und mit allem ausgestattet, was Urlauber sich nur wünschen könnten.

Trotz des Einzugs der Moderne hat sich das ursprüngliche Leben auf der Insel zumindest noch teilweise erhalten. **Tanjung Pinang** ist die größte Stadt Bintans. Hier befindet sich ein (Fischerei-)Hafen, der ein Knotenpunkt für die Transportschiffe und Passagierfähren innerhalb der indonesischen Inselwelt ist. Viele Häuser stehen heute noch auf Holzstelzen, wogegen Neubauten meist auf Betonstützen im morastigen Untergrund oder Meeresboden verankert werden. Allabendlich fahren Händler ihre **Garküchen** auf den Straßen spazieren und bieten allerlei Schmackhaftes oder zumindest Exotisches an. Probieren Sie unbedingt die Satespießchen mit scharf gewürzter Erdnussbutter und dem zu kleinen Würfeln geschnittenen klebrigen Reis.

Ob Sie nun sonnenbaden, surfen und Jetski fahren oder mit dem Kajak übers Wasser gleiten wollen, auf Bintan Island ist alles möglich.

Etwa ein Drittel der Einwohner Singapurs bekennt sich zum Buddhismus (▶ S. 111). In religiöser Hinsicht ist der für seine vielen Verbote bekannte Stadtstaat ausgesprochen liberal.

Wissenswertes über
Singapur

Nützliche Informationen für einen gelungenen Aufenthalt: Fakten
über Land, Leute und Geschichte sowie Reisepraktisches von A bis Z.

Auf einen Blick

Mehr erfahren über Singapur – Informationen über Land und Leute, von Bevölkerung über Lage und Geografie, Politik und Verwaltung, Religion, Sprache bis Wirtschaft.

Amtssprachen: Englisch, Chinesisch (Mandarin), Malaiisch und Tamil
Bevölkerung: 74,1 % Chinesen, 13,4 % Malaien, 9,2 % Inder, 3,3 % anderer Abstammung (darunter auch Europäer)
Einwohner: 5,4 Mio.
Fläche: 716 qkm
Höchster Berg: Bukit Timah (162 m)
Internet: www.gov.sg
Nationalfeiertag: 9. August
Religion: 44 % Buddhisten und Taoisten, 18 % Christen, 15 % Muslime, 5 % Hindus, 18 % Atheisten
Staatsform: Republik, Mitglied im Commonwealth of Nations
Staatsoberhaupt: Präsident Tony Tan Keng Yam

Verwaltung: 5 Community Development Council (CDC) Districts
Währung: Singapore Dollar (S$)

Bevölkerung

Singapur ist ein Vielvölkerstaat und bezeichnet sich selbst gerne als »Schmelztiegel«. Die Kulturen – allen voran Chinesen, gefolgt von Malaien, Indern, Menschen anderer Abstammung, darunter auch Europäer – führen ein friedliches Miteinander, wobei jede Gruppe sich ihre eigene kulturelle Identität bewahrt hat und dies in ihrer Lebensweise in den verschiedenen Stadtvierteln und natürlich in ihren Religionen zum Ausdruck bringt.

◄ Größter Wirtschaftsfaktor Singapurs ist der Handel mit Waren aller Art.

Lage und Geografie

Der Inselstaat Singapur befindet sich südlich der Malaiischen Halbinsel. Nur wenige Hundert Meter Meer trennen Singapur vom nördlichen Nachbarn Malaysia, verbunden durch zwei Brücken und eine Wasserpipeline, die das dringend benötigte Trinkwasser nach Singapur bringt. 130 km weiter südlich verläuft der Äquator, sodass Singapur fast mitten in den Tropen liegt. Einst bedeckte üppiger tropischer Regenwald die Insel. Zwar trifft man auch heute nahezu überall in der Stadt auf tropische Vegetation, die ist aber fast immer künstlich und sehr akkurat angelegt. Wer echten Dschungel erleben möchte, kann dies im Bukit-Timah-Nationalpark tun oder auf den kleineren Inseln vor der Küste. Die tropische Lage wirkt sich auch auf Klima und Luftfeuchtigkeit aus: Das ganze Jahr über ist es heiß und feucht. Tagsüber klettert das Thermometer auf 32 °C, selbst nachts beträgt die Temperatur immer noch 20 °C. Einstellen sollte man sich auch auf Regen, der je nach Saison – von Oktober bis Februar ist Monsun – mal seltener und mal häufiger fällt.

Politik und Verwaltung

Das Parlament der Republik Singapur besteht aus 84 Abgeordneten, die alle fünf Jahre vom Volk gewählt werden. Ziel der Regierung ist neben dem Wirtschaftswachstum ein sauberes Land, das weitgehend frei von Krankheiten ist. Deutlich wird dies auch in den zahlreichen Verbotsschildern und den regelmäßigen gesundheitlichen Überwachungen.

Religion

Eine offizielle Staatsreligion gibt es in Singapur zwar nicht, dafür aber eine verfassungsmäßig garantierte Religionsfreiheit. Während man auf der einen Straßenseite noch einen buddhistischen Tempel besucht hat, sieht man schräg gegenüber schon einen Hindutempel, wenige Schritte entfernt eine Moschee und mitten im Stadtzentrum eine christliche Kirche. Diese Vielfalt der Religionen führt auch dazu, dass viel gefeiert wird, da jede Religion ihre hohen Feiertage hat.

Sprache

Vier Amtssprachen gibt es offiziell, daneben noch die zahlreichen Dialekte der chinesischen Bevölkerung und der Menschen vom indischen Subkontinent. Mit Englisch habe man keinerlei Probleme, so die Theorie, doch daraus ist längst »Singlisch« entstanden, ein Slang, der sich oft wie eine Verballhornung des Englischen anhört. Es gibt einige Begriffe, die sich stets wiederholen, z. B. das »lah«, das als Anhängsel zu einer besonderen Betonung der Aussage führt (»you understand lah?«). Oft benutzt wird das knappe, aber nicht unhöflich gemeinte »can« oder »can not« als Antwort auf eine Frage. Bemerkt man die Ratlosigkeit des Gegenübers, wird meist sehr rasch zum korrekten Englisch gewechselt: »No problem, lah«!

Wirtschaft

Der Handel mit Waren ist nach wie vor der wichtigste Wirtschaftszweig, gefolgt von der Elektronikindustrie und der Öl verarbeitenden Industrie. Eine wichtige Einnahmequelle für den Staat ist der Tourismus.

Geschichte

13. Jh.
Temasek (das Königreich am Meer) wird von Prinz Sang Nila Utama gegründet. Der Legende nach will der Prinz auf der Insel einen Löwen beobachtet haben. Aus diesem Grund nannte er die gegründete Siedlung Singa-Pura (Löwenstadt). Was er tatsächlich sah, blieb ungeklärt. Nur so viel steht fest: Löwen gab es hier nie!

6. Februar 1819
Stamford Raffles (1781–1826) gründet eine Niederlassung der East India Company auf der Insel. Der Einfluss Raffles' ist an der Bevölkerungszunahme deutlich sichtbar. Noch 1819 steigt sie von etwa 150 auf 5000 Menschen.

1824
Singapur wird offiziell vom Sultan von Johor den Engländern übergeben. Mittlerweile leben hier nun 10 000 Menschen.

1826
Singapur, Penang und Malacca werden zum Straits Settlement zusammengeschlossen.

1871
Singapur wird britische Kronkolonie mit Handelsbeziehungen in alle Welt.

1887
Das Hauptgebäude des Raffles Hotel wird errichtet. Damit ist der Grundstein für eines der bekanntesten Bauwerke der Stadt gelegt.

Februar 1942
Japanische Bodentruppen können nach Thailand und Malaysia auch Singapur besetzen. Es beginnt die düstere Ära des Kriegsgefangenenlagers Changi, wo insgesamt 87 000 Gefangene einsitzen.

1945
Die Japaner kapitulieren.

1946
Das Straits Settlement wird aufgelöst. Singapur bleibt Kronkolonie mit eigenem Gouverneur.

1959
Großbritannien entlässt Singapur in die Unabhängigkeit. Die People's Action Party (PAP) wird mit Lee Kuan Yew an der Spitze gegründet. Er wird erster Premierminister des Stadtstaates.

1963
Gründungsjahr der Föderation von Malaysia, der auch Singapur beitritt.

1965
Die Inselrepublik scheidet bereits wieder aus der Föderation aus. Am 9. August erklärt sich der Staat für unabhängig.

1967

Die ASEAN (Association of South East Asian Nations) wird gegründet, zu der auch Malaysia, Thailand, Indonesien, Brunei und die Philippinen gehören.

12. Juni 1967

Der Singapore Dollar wird eingeführt. Der Staat entwickelt sich unter Führung der Partei PAP zur aufstrebenden Wirtschaftsnation.

1972

Die PAP gewinnt alle 65 Sitze im Parlament. Dies gilt auch für die Jahre 1976 und 1980.

1981

Nachwahlen bringen der oppositionellen Arbeiterpartei unter Joshua Jeyaretnam einen Sitz ein.

1991

Die PAP geht erneut siegreich aus den Wahlen hervor. Als neuer Premierminister wird Goh Chock Tong vereidigt.

1992

Es kommt zum kuriosen Kaugummiverbot, das erst 2004 gelockert wird.

1994

Erstmals wird die Prügelstrafe wegen Vandalismus und die Todesstrafe wegen Drogenhandels an Touristen vollstreckt.

1995

Stetig steigende Besucherzahlen zwingen den Stadtstaat zum Ausbau des Changi Airports.

1996

Zur Entlastung des »causeway« wird eine zweite, etwa 2 km lange Brücke nach Malaysia gebaut, der »second link« (Tuas).

1998

Umweltkatastrophen und die Kursstürze an den asiatischen Börsen schaden dem Tourismus in Singapur.

2004

Premierminister Goh Chok Tong wird nach 14-jähriger Amtszeit von Lee Hsieng Loong von der PAP abgelöst.

2008

Neben der ITB Asia findet erstmalig die Formel 1 in Singapur statt. Sie entwickelt sich rasch zum Top-Ereignis.

2011

Tony Tan Keng Yam wird zum siebten Präsidenten des Staates gewählt.

2012

Die Gardens by the Bay werden eröffnet. Damit hat Singapur etwa 20 % mehr Fläche als vor 20 Jahren.

2014

Lewis Hamilton gewinnt den Großen Preis von Singapur.

Reisepraktisches von A–Z

ANREISE

MIT DEM FLUGZEUG

Reisende aus aller Welt treffen täglich am internationalen Flughafen der Stadt, dem **Changi Airport** im Osten der Insel, ein. Vor der Einreise müssen Sie eine **Einreisekarte** ausfüllen, auf der neben persönlichen Daten auch der Aufenthaltsort sowie Besuchsgrund und die Dauer des Besuchs eingetragen werden müssen. Von Europa aus fliegen täglich nahezu alle internationalen Fluggesellschaften nach Singapur. Je nach Service und Reisezeit schwanken die Preise für Hin- und Rückflug zwischen etwa 500 und 1000 €.

Wer aus Malaysia mit dem Flugzeug einreist (z. B. von Tioman), kommt allerdings am Seletar-Airport an, der im Nordwesten der Insel liegt.

Auf www.atmosfair.de und www.myclimate.org kann jeder Reisende durch eine Spende für Klimaschutzprojekte für die CO_2-Emission seines Fluges aufkommen.

Vom Flughafen in die Stadt

Vor der Ankunftshalle gibt es Dutzende wartender Taxis. Die Fahrt zur City kostet zwischen 18 und 38 S$, je nach Entfernung. Hat man sehr viel Gepäck oder mehr als vier Personen in der Gruppe, kann man ein Maxi-Cab für 65 S$ buchen.

Deutlich günstiger und vollkommen unproblematisch ist die Fahrt mit der MRT in die Stadt. Zwischen 5.26 Uhr und 23.18 Uhr fahren die Schnellbahnen regelmäßig ab den Terminals 2 und 3. Dazu folgt man der Ausschilderung »Train to City« in allen drei Terminals (vom Terminal 1 muss man zunächst zum Terminal 2 oder 3 mit der Shuttle-Bahn fahren). An der Station Tanah Merah heißt es dann umsteigen in die Bahnen, die zur City fahren. Die Ticketkosten sind entfernungsabhängig, liegen aber bei ca. 2,50 S$/ Person, Tickets bekommt man am Automaten am Bahnsteig. Als Alternative kann man noch den SBS Bus 36 wählen, der zwischen 6 Uhr und 24 Uhr regelmäßig zwischen allen drei Terminals und der City verkehrt (Dauer: ca. 1 Std., 2 S$).

MIT DEM AUTO

Diese Möglichkeit der Einreise besteht nur aus dem Nachbarland Malaysia. Sofern Sie mit dem Mietwagen unterwegs sind, reisen Sie entweder über **Johor Bahru**, die malaysische Stadt, die durch den »causeway«, eine 1056 m lange Brücke, mit Singapur verbunden ist, oder über die neue Fährverbindung zwischen **Tanjong Belungkor** (Malaysia) und **Changi Point** (im Osten der Insel) ein. In beiden Fällen müssen Sie sicherstellen, dass das Fahrzeug die aktuelle **Steuerplakette** (VEP) Singapurs trägt, bzw. diese auf Tagesbasis kaufen (etwa 45 S$). Preiswerter ist es, in Johor Bahru ein Taxi nach Singapur zu mieten (Festbetrag etwa 50 S$).

MIT DEM SCHIFF

Reisende aus Indonesien erreichen den Hafen Singapurs im Bereich des **Clifford Piers**. Zur Entlastung dieses Fährterminals wurde 1996 ein zweites Terminal in Tanah Merah (MRT bis Tanah Merah, dann Zubringerbus/Expressbus) in Betrieb genommen.

MIT DEM ZUG

Aus Thailand (via Malaysia) und aus Malaysia selbst besteht die Möglichkeit, mit dem Zug nach Singapur einzureisen. Die Züge pendeln mehrmals täglich zwischen Kuala Lumpur, Kluang, Johor Bahru und dem Stadtstaat. Von Singapur bis Kuala Lumpur kostet die einfache Fahrt in der zweiten Klasse 34 S$. Zwischen Singapur und Bangkok verkehrt auch der luxuriöse Eastern & Oriental Express (ab etwa 2000 €, www.belmond.com).

Neben diesem Luxuszug kann man aber auch ganz normal mit dem Zug nach Malaysia (z.B. Kuala Lumpur) oder Thailand (z.B. Bangkok) reisen, wobei letztere Strecke über Kuala Lumpur und Butterworth/Penang führt. Nimmt man dann den Schlafwagen, zahlt man bis nach KL derzeit 46 S$ und bis Bangkok dann noch mal ca. 40 €. Diese Fahrten sind zwar nicht so romantisch wie die Reise im Eastern & Oriental Express, dafür aber abenteuerlicher.

AUSKUNFT

IN DEUTSCHLAND, ÖSTERREICH UND DER SCHWEIZ

Singapore Tourism Board (STB)
Bleichstr. 45, 60313 Frankfurt/Main • Tel. 0 69/9 20 77 00 • www.yoursingapore.com

IN SINGAPUR

Singapore Tourism Board (STB)
www.yoursingapore.com
– Orchard Rd./Cairnhill Rd. • MRT: Somerset • tgl. 9.30–22.30 Uhr   📙 C 3
– ION Orchard • Level 1 Concierge • MRT: Orchard • tgl. 10–22 Uhr   📙 B 3
– Kreta Ayer Square • 2 Banda St. • MRT: Chinatown • tgl. 9–21 Uhr   📙 D 5

BUCHTIPP

Noel Barber: Tanamera – Der Roman Singapurs (Hodder Paperback, 2007) Wer sich auch für die Geschichte des Stadtstaates interessiert und leichte Reiselektüre sucht, sollte sich mit diesem unterhaltsamen Roman ausrüsten. Er erzählt die Geschichte der britischen Kolonialherren von der Jahrhundertwende bis kurz nach dem Zweiten Weltkrieg.

DIPLOMATISCHE VERTRETUNGEN

IN SINGAPUR

Botschaft der Bundesrepublik Deutschland   📙 E 5
Marina Bay • 50 Raffles Pl. • MRT: Raffles Place • Tel. 65 33 60 02

Botschaft der Republik Österreich   📙 F 3
Bugis • 600 North Bridge Rd. • MRT: Bugis, City Hall • Tel. 63 96 63 50

Botschaft der Schweiz   ▶ Klappe vorne, c 3
Bukit Timah • 1 Swiss Club Link • MRT: Clementi, Taxi • Tel. 64 68 57 88

DROGEN

Selbst auf den Besitz kleinster Mengen illegaler Drogen stehen hohe Haft- und Geldstrafen; wird die Verkaufsabsicht unterstellt, droht die Todesstrafe! Wenn Sie während Ihres Aufenthalts verschreibungspflichtige Schlafmittel und Psychopharmaka benötigen, müssen Sie ein Rezept vorweisen können.

FEIERTAGE

1. Jan. Neujahr
Ende Jan. Chinesisches Neujahr
Karfreitag
Hari Raya Puasa Ende des Ramadan

1. Mai Tag der Arbeit
Vesakh Day Buddhas Geburtstag
9. Aug. Nationalfeiertag
Ende Okt./Anfang Nov. Deepavali/Fest der Lichter
25. Dez. Weihnachten

FESTE UND EVENTS
JANUAR
Neujahrsfest
Ganz Singapur feiert ausgelassen den Beginn des neuen Jahres.
1. Januar

Ponggal
Zum Erntedankfest der Inder lässt man Reis zum Zeichen des Wohlstandes überkochen und opfert ihn den Göttern.
Mitte Januar • Sri Srinivasa Perumal Temple, Serangoon Rd. • SBS-Bus 390

 **10 MERIAN Tipp**

THAIPUSAM E 2
Beim wichtigsten und größten hinduistischen Fest außerhalb Indiens, das jährlich Ende Januar/Anfang Februar zelebriert wird, ist voller Körpereinsatz gefordert. ▶ S. 17

FEBRUAR
Chinesisches Neujahrsfest
Drachen, Löwentänze und Gesang. Das traditionelle Feuerwerk findet aus Sauberkeitsgründen in Malaysia statt, sonst drohen hohe Geldstrafen.
Bis zum 19. Februar

MÄRZ/APRIL
Hari Raya Puasa
Das Ende des Fastenmonats Ramadan feiern die Muslime mit Essen, Trinken und Besuchen bei Freunden.
Mitte März/Anfang April • Sultan Mosque und Stadtteil Geylang

Quing Ming
Zum traditionellen Ahnenfest der Chinesen werden Geschenke und auch Geldscheine verbrannt.
Ende März/Anfang April • Chinatown

MAI/JUNI/JULI
Vesakh Day
Buddhas Geburtstag feiern die Inder mit Lichterprozessionen und dem Freilassen von Vögeln.
Vollmondtag im Mai • in allen buddhistischen Tempeln

The Great Singapore Sale
Kein echtes Fest im traditionellen Sinne, aber genauso bunt und anspruchsvoll wird diese Art des Schlussverkaufs begangen. Wer darauf erpicht ist, in Singapur billig einzukaufen, sollte sich diesen Zeitraum nicht entgehen lassen.
Ende Mai–Ende Juli

Drachenbootfest
Drachentänze und eine Ruderregatta auf dem Fluss.
Ende Juni/Anfang Juli • Marina Bay • MRT: City Hall

Singapore Food Festival
An den 31 Julitagen nehmen jeweils unterschiedliche Restaurants am Festival teil, um unter wechselnden Themen besonders erlesene oder schlichte traditionelle Gerichte anzubieten.

AUGUST
Hungry Ghosts Festival
Den zurückkehrenden Geistern werden Opfer gebracht. Straßenopern finden darüber hinaus statt.

Anfang August • Chinatown • MRT: Outram Park

Nationalfeiertag
Umzüge, Paraden, Partys und Lasershows. Viele Geschäfte haben an den Tagen vor und nach dem 9. August geschlossen.
9. August • Marina City Park • MRT: Marina Bay

SEPTEMBER
Mooncake Festival
Laternenumzüge, Mondkuchen und viele Süßigkeiten. Die schönsten Laternen stehen danach im Chinesischen Garten.
Ende September • MRT: Chinese Garden

Birthday of the Monkey God
Prozessionen, Trance und Geißelungen mit Stahlspießen.
Ende September • Monkey God Temple • MRT: Tiong Bahru

Der Große Preis von Singapur
Am 28. September 2008 erlebte der Stadtstaat ein neues, großes Spektakel: Singapur war erstmals Austragungsort der Formel 1. Allerdings nicht eines gewöhnlichen Rennens, sondern erstens eines Stadtrennens (nach Tradition des Großen Preises von Monaco) und zweitens des ersten Nachtrennens in der Geschichte des Grand-Prix-Sports. Der 5,067 km lange Kurs mit seinen 24 Kurven wird insgesamt 61 Runden lang befahren. Die Strecke führt u. a. vom Raffles Link entlang dem Nicoll Highway, zur Raffles Avenue und zur Marina Waterfront, d. h. im gesamten Marina-Bay-Bereich.
Zigtausende Zuschauer werden alljährlich erwartet, wenn das Rennen gegen 20 Uhr Ortszeit beginnt. Die 309,95 km lange Strecke bietet die Chance von Geschwindigkeiten bis zu 300 km/h, beispielsweise am Raffles Boulevard und auf der Esplanade Bridge, und gute Überholmöglichkeiten.
Historische Sehenswürdigkeiten zieren den gesamten Streckenverlauf, wenngleich die Fahrer wohl kaum darauf achten werden, während sie entgegen dem Uhrzeigersinn über den Asphalt donnern. Eine gute Sicht muss natürlich auch nachts gewährt sein, sodass ein ausgeklügeltes Beleuchtungssystem notwendig ist, das mit insgesamt zwölf Generatoren 3,18 Mio. Watt leistet. Über 100 km Kabel werden in Aluminiumkanälen verlegt, um die Lichtmasten mit Strom zu versorgen. Zwei bis drei Monate vor dem Rennen wird mit der Aufbauphase begonnen. Die gesamte Anlage ist temporär, wird also nach dem Rennen wieder entfernt.
Im Zuge des nächtlichen Stadtrennens finden zahlreiche zusätzliche Events statt.
Ende September • www.singapore gp.sg

OKTOBER/NOVEMBER
Thimithi
Zu Ehren der Göttin Draupadi laufen Hindus über glühende Kohlen.
Mitte Oktober • Sri Mariamman Temple • MRT: Raffles Place

Pilgerfahrt nach Kusu
Chinesen und Muslime pilgern nach Kusu Island, um den Göttern in den Tempeln für die Rettung Schiffbrüchiger zu danken.
Ende Oktober/Anfang November • Pulau Kusu

Fest der neun Gottkaiser

Zwischen Ende Oktober und Anfang November kommen die neun Gottkaiser zur Erde, um zu heilen und zu segnen. In Chinatown herrscht dann überall buntes Treiben.

Ende Oktober/Anfang November • Chinatown • MRT: Boon Keng

Deepavali

Zum Lichterfest der Hindus werden in den Tempeln und Häusern von Little India Laternen aufgestellt. Deepavali (aus dem Sanskrit) bedeutet »eine Reihe von Lichtern«.

Ende Oktober/Anfang November • Serangoon Rd. • MRT: Farrer Park

DEZEMBER

Weihnachten

Hell leuchten die Lichterketten in der Orchard Road zum alljährlichen Singapore Light-up.

25. Dezember • Orchard Rd. • MRT: Orchard

FKK

FKK ist streng verboten. Dies gilt auch für Oben-ohne-Sonnenbaden.

FOTOGRAFIEREN

Gutes Licht herrscht morgens und dann wieder nachmittags (ab etwa 15.30 Uhr). Fragen Sie beim Fotografieren von Menschen um deren Einwilligung und akzeptieren Sie die mögliche Ablehnung der Bitte. Halten Sie sich auch bei Tempelbesuchen und Zeremonien zunächst zurück, und fragen Sie auch hier um Erlaubnis.

GELD

1 S$	0,67 €/0,70 SFr
1 €	1,49 S$
1 SFr	1,43 S$

Der **Singapore Dollar** (S$) ist in 100 Cents unterteilt. Münzen zu 1, 5, 10, 20, 50 Cents und 1 S$ sind ebenso im Umlauf wie Banknoten zu 1, 5, 10, 20, 50, 100, 500 und 1000 S$. Der Wechselkurs unterliegt geringfügigen Schwankungen.

Der Umtausch von Devisen ist in Banken, Hotels und bei »money changers« möglich. Euroscheckkarten mit dem MAESTRO-Logo machen es möglich, an allen ATM-Bankautomaten Geld abzuheben.

Alle gängigen **Kreditkarten** werden akzeptiert, teilweise sogar in Taxis.

LINKS

www.timeoutsingapore.com
Aktuelle Infos zu Restaurants, Bars und Events.

Klima (Mittelwerte)	JAN	FEB	MÄR	APR	MAI	JUN	JUL	AUG	SEP	OKT	NOV	DEZ
Tages-temperatur	30	31	31	32	32	31	31	31	31	31	30	30
Nacht-temperatur	23	24	24	24	25	25	24	24	24	24	23	23
Sonnen-stunden	6	7	6	6	6	6	6	6	5	5	4	4
Regentage pro Monat	12	10	13	14	14	13	14	13	14	15	19	19
Wasser-temperatur	27	27	28	28	28	29	28	28	28	28	28	27

www.straitstimes.com
Website der größten Tageszeitung des Staates.

KLEIDUNG

Informell-sportliche Kleidung wird allgemein akzeptiert. In besseren Restaurants sollten Männer lange Hosen und langärmelige Hemden, Frauen Kleid oder Rock und Bluse tragen. Eine leichte Jacke ist in den extrem klimatisierten Hotels und Restaurants angebracht.

MEDIZINISCHE VERSORGUNG

KRANKENVERSICHERUNG

Der Abschluss einer Auslandsreise-krankenversicherung ist ratsam. Arzthonorare müssen bar bezahlt werden. Achten Sie darauf, eine gut lesbare Quittung mit der Auflistung der Diagnose und Leistungen zu bekommen, die später bei der (Reise-) Krankenversicherung zur Kostenerstattung vorgelegt werden kann.

KRANKENHAUS

Singapore General Hospital 📙 X 0
Outram • Outram Rd. • MRT: Outram Park • Tel. 62 22 33 22 • www.sgh.com.sg

APOTHEKEN

Apotheken sind in der Regel von Mo–Fr 9–22 und Sa 10–14.30 Uhr geöffnet.

Guardian Pharmacy 📙 X 0
Orchard Road • 313 Orchard Rd. • MRT: Somerset • Tel. 66 34 09 91 • tgl. 10–22 Uhr

NEBENKOSTEN

1 Tasse Kaffee	0,60–4,00 €
1 Bier	4,00 €
1 Cola	0,60–1,20 €
1 Garküchengericht	ab 2,20 €
1 Liter Benzin	1,45 €
1 Fahrt mit öffentl. Verkehrs-mitteln (Einzelfahrt)	0,80 €
Mietwagen/Tag	ab 75,00 €

NOTRUF

Polizei Tel. 9 99
Feuerwehr/Rettungsdienst
Tel. 9 95

POST

Die Briefkästen in Singapur sind rot. Briefmarken erhält man in den Postfilialen und Hotels. Eine Postkarte nach Deutschland, Österreich und in die Schweiz kostet 0,50 S$.

RAUCHEN

In öffentlichen Gebäuden und Verkehrsmitteln, Restaurants und Bars besteht Rauchverbot. Jugendlichen unter 18 Jahren ist das Rauchen in der Öffentlichkeit verboten.

REISEDOKUMENTE

Deutsche, Österreicher und Schweizer können mit einem mindestens sechs Monate gültigen Reisepass einreisen. Kinder benötigen einen mindestens sechs Monate gültigen Kinderreisepass.

REISE- UND BUSINESS-KNIGGE

»Singapore is a fine city«, sagt ein englisches Sprichwort. Dies ist ein Wortspiel mit dem Begriff »fine«, der »schön«, aber auch »(Geld-) Strafe« bedeutet. Es gibt hohe Geldstrafen für das Überqueren von Straßen ohne Benutzung der Überwege, das Nichtspülen in öffentlichen Toiletten oder das Rauchen in der Öffentlichkeit.
Neben diesen Verboten sollte man auch ein paar Verhaltensweisen be-

herzigen. Das Auftreten in der Öffentlichkeit, besonders aber gegenüber Amtsträgern, sollte höflich und »ordentlich« sein. Gemeint ist damit eine saubere Kleidung, die ruhig leger, aber eben nicht zu abgenutzt sein sollte. Man zeigt niemals mit dem Finger auf eine Person, sondern eher mit dem Daumen. Ebenso winkt man niemanden mit dem Finger zu sich, sondern hält die Handfläche nach unten und bewegt die Finger auf und ab. Während ein Händedruck zur Begrüßung bei Chinesen durchaus üblich ist, gehört dies nicht zu den Umgangsformen der Inder und Malaien.

Fast allen Völkern der Region gilt der Kopf als besonders heilig. Deshalb sollte man nie den Kopf einer anderen Person berühren. Kein Problem? Dann schauen Sie sich einmal die niedlichen Kinder an, denen Europäer gerne über den Kopf streichen würden. Wenn man schon anfassen muss, dann auf asiatische Art: Ein Tätscheln der Wange oder ein herzhafter Kniff hinein gilt nicht als verwerflich.

Beim Essen geht es fast überall westlich orientiert zu. Trotzdem kann es geschehen, dass nur Essstäbchen zur Verfügung stehen, alternativ Löffel und Gabel. Sollte man mit der Hand essen, beispielsweise bei indischen Gastgebern oder in einigen Restaurants, so wird nur die rechte Hand verwendet. Die linke gilt als unrein und sollte am besten auf dem Schoß liegen und »vergessen« werden.

Vor dem Betreten einer Wohnung zieht man immer die Schuhe aus. Bringt man Gastgeschenke mit, werden diese niemals im Beisein der Schenkenden ausgepackt, denn würde der Beschenkte sich nicht freuen, könnte der Schenkende sein Gesicht verlieren.

REISEWETTER

Geprägt vom gleichmäßigen Klima der Tropen mit Werten von etwa 32 °C (maximal, am Tage) und 20 °C (Minimum, nachts), ist der Stadtstaat fast ganzjährig zu besuchen. Nur zwischen Oktober und Ende Februar treibt der Nordostmonsun häufig Regenschauer über die Inselrepublik, allerdings muss man auch während des übrigen Jahres fast täglich mit kurzen Schauern rechnen.

SINGAPORE PASSES

Der **Singapore Tourist Pass** ermöglicht die freie Benutzung der öffentlichen Verkehrsmittel. Er ist an den MRT-Stationen Ang Mo Kio, Bugis, Changi Airport, Chinatown, City Hall, HarbourFront, Orchard und Raffles Place erhältlich (www.thesingaporetouristpass.com, 1 Tag 18 S$, 2 Tage 26 S$, 3 Tage 34 S$).

In Singapur kann man Geld sparen, wenn man viele Sehenswürdigkeiten besuchen möchte, und einen City Pass kauft. Es gibt unterschiedliche Angebote, darunter den Singapore **Attraction Pass** von City Discovery (www.city-discovery.com/singapore) ab 79 S$, den **Go Singapore Pass** (www.gosingaporepass.sg) ab 79,90 S$, den **Singapore City Pass** (www.singaporecitypass.com) ab 79,90 S$ und den **City Pass** ab 34,90 S$ von Singapore City Tours (www.citytours.sg).

STROM

Die elektrische Spannung beträgt 220 Volt. Für Geräte wird ein Adapter benötigt.

TELEFON
VORWAHLEN
D, A, CH ▶ Singapur 00 65
Singapur ▶ D 00 49
Singapur ▶ A 00 43
Singapur ▶ CH 00 41

Aus allen Hotels, Postämtern und gekennzeichneten öffentlichen Fernsprechern können Überseegespräche im internationalen Selbstwählverfahren (IDD) geführt werden.

Rechnen Sie im IDD-Netz mit etwa 0,30 €/Min. Deutlich günstiger ist es, über das Netzwerk Skype zu telefonieren (www.skype.com).

Mobiltelefone mit dem GSM-Standard funktionieren auch in Singapur, wenn sie sich automatisch auf das Netz einstellen.

TRINKGELD
Im Rechnungsbetrag sind 4 % Bedienungsgeld enthalten, Trinkgelder werden nicht erwartet. Bei Hotelpagen gilt: pro Gepäckstück 1 S$.

TRINKWASSER
Anders als in jedem anderen asiatischen Land kann Wasser überall im Stadtgebiet bedenkenlos aus der Leitung getrunken werden. Supermärkte bieten auch Trinkwasser in Plastikflaschen an.

VERBOTE
Littering (das Liegenlassen von Abfällen) jedweder Art, Essen in bestimmten Bereichen der MRT, Überqueren der Straße an den falschen Stellen, Einfuhr und Handel von Kaugummi, Rauchen in öffentlichen Gebäuden, Restaurants und Fahrstühlen – im Stadtstaat finden Sie viele Verbote, die mit hohen Strafen ab 50 S$ bis etwa 1000 S$ geahndet werden. Nehmen Sie diese ernst! Außerdem gibt es noch Gefängnis, Stockhiebe und die Todesstrafe!

VERKEHR
AUTO
Autofahren wird in Singapur zur Qual, zumindest wenn man selbst fährt. Probleme mit Parkplätzen, Stau in der Innenstadt und die kostenpflichtige Einfahrt in den CBD (Central Business District) machen das Autofahren wenig attraktiv.

BUS
Zwei Gesellschaften bieten ein ausgezeichnetes Netz an Verbindungen im gesamten Inselbereich: **SBS** und **SMRT**. Die normalen Linienbusse fahren täglich zwischen 6 und 24 Uhr. Je nach Strecke kostet eine einfache Fahrt zwischen 90 Cent und 2,80 S$. Halten Sie immer den passenden Betrag bereit, da das Geld beim Fahrer in eine Box geworfen wird und Sie kein Wechselgeld zurückerhalten. Einfacher ist die Verwendung einer **EZ-Link-Card**, eines Sammelfahrscheins, der für einen vorher bestimmten Zeitraum gilt (ab 15 S$/Tag), oder des **Singapore Tourist Passes** (▶ S. 120).

Eine günstige Alternative zum öffentlichen Transport ist der **Singapore Hop-On Bus**, der alle 30 Min. von der Orchard Road aus alle Sehenswürdigkeiten der City ansteuert. Passagiere von Singapore Airlines zahlen bei Vorlage von Bordkarte oder Ticket 8 S$, alle übrigen Touristen 21 S$ für Tageskarten. Tickets gibt es in großen Hotels.

FAHRRAD
Rad fahren in der Stadt ist nicht üblich. Eine Ausnahme bilden die

»trishaws«, Fahrradrikschas, die aber nur noch als Touristenattraktion genutzt werden.

MIETWAGEN

Internationale Mietwagenagenturen wie Avis, Hertz und Budget besitzen ihre Filialen in der Stadt. Pro Tag müssen für einen Leihwagen etwa 75 S\$ Mietkosten kalkuliert werden.

SCHNELLBAHN MRT

Seit 1990 gibt es das **Mass Rapid Transit**-Schienenbahnsystem (MRT), das im Innenstadtbereich unterirdisch, in den äußeren Bereichen oberirdisch geführt wird. Klimatisierte Züge donnern im Drei- bis Acht-Minuten-Takt von Station zu Station, jede davon eine eigene kleine Sehenswürdigkeit, von lokalen Designern entworfen und – perfekt überwacht (achten Sie unbedingt auf die Verbotsschilder!). Wartezeiten können mit Denksportaufgaben an den Wänden überbrückt werden. Je nach Strecke kosten die Fahrten 1,10 S\$ und 2,20 S\$. Die Züge fahren zwischen 6 und 24 Uhr. Zum Preis kommt noch eine Gebühr von 1 S\$/Ticket hinzu, die man bei Abgabe der Tickets am Automaten erstattet bekommt.
www.smrt.com.sg

TAXI

Eines der über 26 000 Taxis bekommen Sie durch Heranwinken, über das Hotel oder an einem Taxistand. 3,40 S\$ werden für den ersten Kilometer verlangt, je weitere 400 m werden 22 Cent berechnet, ab 10 km 22 Cent/350 m. 45 Sek. Wartezeit (zum Beispiel Stau) kosten weitere 22 Cent. Zusätzlich werden 50 % des Fahrpreises berechnet, wenn die Fahrt zwischen Mitternacht und 6 Uhr stattfindet; 3,30 S\$ für telefonische Bestellung; bis zu 3 S\$ für die Fahrt auf Mautstraßen; 5 S\$ für Fahrten vom Flughafen; 25 % Zuschlag bei Fahrten zwischen 6 und 9.30 sowie von 18 bis 24 Uhr.

ZEITUNGEN UND ZEITSCHRIFTEN

Englischsprachige Zeitungen sind »The Straits Times« und »The Business Times«. Organ der Boulevardpresse ist »New Paper«. »Asiaweek« berichtet über Themen der Region.

ZEITVERSCHIEBUNG

In Singapur gilt die Singapore Standard Time (MEZ + 6 Std. im Sommer, MEZ + 7 Std. im Winter).

ZOLL

Reisende über 18 Jahre dürfen für den persönlichen Gebrauch je 1 l Wein, 1 l Spirituosen und 1 l Bier einführen. Die Einfuhr von Tabakwaren ist nicht erlaubt! Blasrohre und Krise (malaiische Dolche) dürfen als Souvenirs aus den Nachbarstaaten nur mit Genehmigung der Singapore Police Force ein- und ausgeführt werden.
Reisende aus Deutschland und Österreich dürfen Waren im Wert von 430 € (Jugendliche: 175 €) abgabenfrei mit nach Hause nehmen, Reisende aus der Schweiz im Wert von 300 SFr. Die Waren müssen für den privaten Gebrauch vorgesehen sein. Tabakwaren und Alkohol fallen nicht unter diese Wertgrenze und bleiben in bestimmten Mengen abgabenfrei (z. B. 200 Zigaretten, 4 l Wein).
Weitere Auskünfte unter www.zoll.de, www.bmf.gv.at/zoll und www.zoll.ch.

Orts- und Sachregister

Wird ein Begriff mehrfach aufgeführt, verweist die **halbfett** gedruckte Zahl auf die Hauptnennung. Abkürzungen: Hotel [H], Restaurant [R]

Liebe Leserinnen und Leser,
vielen Dank, dass Sie sich für einen Titel aus unserer Reihe MERIAN *live!* entschieden haben. Wir freuen uns, Ihre Meinung zu diesem Reiseführer zu erfahren. Bitte schreiben Sie uns an merian-live@travel-house-media.de, wenn Sie Berichtigungen und Ergänzungen haben – und natürlich auch, wenn Ihnen etwas ganz besonders gefällt.
Alle Angaben in diesem Reiseführer sind gewissenhaft geprüft. Preise, Öffnungszeiten usw. können sich aber schnell ändern. Für eventuelle Fehler übernimmt der Verlag keine Haftung.

© 2015 TRAVEL HOUSE MEDIA
GmbH, München
MERIAN ist eine eingetragene Marke der GANSKE VERLAGSGRUPPE.

1. Auflage

Alle Rechte vorbehalten. Nachdruck, auch auszugsweise, sowie die Verbreitung durch Film, Funk, Fernsehen und Internet, durch fotomechanische Wiedergabe, Tonträger und Datenverarbeitungssysteme jeglicher Art nur mit schriftlicher Genehmigung des Verlages.

BEI INTERESSE AN DIGITALEN DATEN AUS DER MERIAN-KARTOGRAPHIE:
kartographie@travel-house-media.de

**BEI INTERESSE AN MASSGESCHNEI-
DERTEN MERIAN-PRODUKTEN:**
Tel. 0 89/4 50 00 99 12
veronica.reisenegger@travel-house-media.de

BEI INTERESSE AN ANZEIGEN:
KV Kommunalverlag GmbH & Co KG
Tel. 0 89/9 28 09 60
info@kommunal-verlag.de

TRAVEL HOUSE MEDIA
Postfach 86 03 66
81630 München
merian-live@travel-house-media.de
www.merian.de

VERLAGSLEITUNG
Michaela Lienemann
REDAKTION
Sylvia Hasselbach
LEKTORAT UND SATZ
bookwise, München
BILDREDAKTION
Tobias Schärtl
HERSTELLUNG
Gloria Schlayer, Bettina Häfele
REIHENGESTALTUNG
La Voilà, Marion Blomeyer & Alexandra Rusitschka, München und Leipzig (Coverkonzept, Ergänzungen Innenteil) Independent Medien Design, Horst Moser, München (Innenteil)
KARTEN
Kunth Verlag GmbH & Co. KG für MERIAN-Kartographie
DRUCK UND BINDUNG
Printer Trento, Italien

TRAVEL HOUSE MEDIA

Ein Unternehmen der
GANSKE VERLAGSGRUPPE

PEFC
PEFC/18-31-506

BILDNACHWEIS
Titelbild (Supertrees Grove light show): mauritius images: alamy
2011 R. Daniel 23 • Agentur Bilderberg: L. Giraudou 76 • alamy: WoodyStock 95 • AP Photo: Wong Maye-E 17 • Bildagentur Huber: B. Morandi 9, S. Scatê 42, R. Schmid 78, K. Sladja 98, O. Stadler 60 • CI&A Photography: E Hendricks 20 • Corbis: M. Puddy 18/19, M. Westmorland 11 • dpa Picture-Alliance: epa How Hwee Young 68 • fotolia.com: deming9120 113l, fazon 113r, MasterLu 108/109 • Getty Images: by toonman 90/91 • laif: P. Bialobrzeski 72, hemispheres 7o, F. Heuer 7m, T. Linkel 36, L. Maisant/hemis.fr 13, 26, 46, 82, 85 • look-foto: E. Fleisher 15 • mauritius images: J. Tack/imageBROKER 110, mauritius images: alamy 14, 16, 33, 41, 48, 71, 88 • People's Action Party 112r • Shutterstock: Burachet 65, gnohz 30, A. Grzegorczyk 57, Noppasin 58/59, suronin 103, TILT Photography 52 • Singapore Tourism Board 2, 4, 6, 7u, 45, 51, 54, 87, 93 • The Travel Library: R. Matassa 97 • Wikipedia: Jacklee/CC BY-SA 3.0 l 12l